Muriel Hermine

LE DÉFI D'ÊTRE SOI

Terrain de sport, terrain de vie

EYROLLES

Groupe Eyrolles
61, bd Saint-Germain
75240 PARIS Cedex 05

www.editions-eyrolles.com

ISBN : 978-2-212-55711-4

À Quentin, Killian et Antoine,
les trois hommes de ma vie.

SOMMAIRE

REMERCIEMENTS

Je désire témoigner toute ma gratitude aux personnes qui m'ont soutenue dans la création de cet ouvrage. Leur soutien a décuplé mon énergie, nourrissant ma volonté de dépasser les moments de doute et de remise en question.

Je voudrais tout d'abord remercier Antoine, l'homme qui partage ma vie, et qui a constamment porté un regard bienveillant et une oreille attentive à mes digressions. Ses conseils, ses suggestions et son investissement ont été pour moi une grande source d'inspiration et de motivation.

Je voudrais également remercier Agnès Hermine et Christine Lefort pour leur patience et le travail de corrections effectué.

Puis Hervé Meudic, Catherine Simonnet et Patrick Moyse pour leurs suggestions constructives et inspirantes.

Je voue une gratitude particulière à mes amis champions qui m'ont attesté leur confiance à travers leur témoignage : Laure Manaudou, Emmanuel Petit, Christian Califano et Jean-François Lamour.

Je dois également de sincères remerciements aux éditions Eyrolles pour leur confiance et leur soutien sans lesquels cet ouvrage n'aurait jamais vu le jour. Merci à l'équipe de direction, aux maquettistes et au service de presse, ainsi qu'à Marguerite Cardoso.

Que ce livre soit le début d'une longue et belle aventure en équipe.

INTRODUCTION

UNE VIE EN RICOCHETS

Nageuse artistique ? Chef d'entreprise ? Bénévole ? Conférencière ? Sans doute ai-je, comme tout un chacun, été confrontée aux interrogations existentielles sur ma vie, mon (mes) parcours depuis mes débuts. Difficile, il est vrai, de trouver de prime abord le fil conducteur entre toutes mes facettes. D'abord, un vécu de sportive de haut niveau en natation synchronisée dans les années 1980, ponctué par des titres de championne de France (douze), de championne d'Europe (quatre), et deux participations olympiques (aux Jeux de Los Angeles en 1984 et ceux de Séoul en 1988). Puis l'organisation de spectacles à travers le monde dans les années 1990. Ou même des voyages humanitaires en Afrique depuis 2000, et, aujourd'hui, des conférences pour les managers des PME et du CAC 40… Pourtant, pas de doute, je suis la même. Tout le monde transite un jour ou l'autre, paraît-il, par cette phase d'introspection. Alors aucune raison de prétendre l'éviter. La crise de la quarantaine ? Allons donc, voilà bientôt une décennie que ce cap a été franchi…

Crise de la cinquantaine, alors ? Force est de constater que cet ouvrage ouvre dans mon vécu un nouveau chapitre. Inattendu, certes : je n'ai jamais jusqu'alors couché sur le papier le fruit de pareille réflexion. Toutefois, ce chapitre se forge dans le prolongement des précédents. Il m'apparaît comme une évidence que mon vécu s'inscrit dans le sillage des exigences du sport qui me guident depuis toujours ou presque. Saurai-je vous en faire profiter ? J'aimerais que cet ouvrage trouve, à son tour, un modeste écho auprès du plus grand nombre. Pratiquants réguliers ou non-sportifs assumés, même combat, au fond, quand il s'agit de trouver du sens à sa vie. J'espère que ce « défi d'être soi » pourra, à sa petite échelle, sensibiliser chacun aux vertus sportives pour apprendre à mieux gérer les affres de la vie quotidienne. C'est mon ambition. Elle est modeste et gigantesque à la fois. Esprit (sportif), es-tu là ?

Si, aujourd'hui, l'image de l'athlète champion tend à véhiculer un panel de vertus spécifiques, tel n'est pas toujours le cas dans la réalité. Le sportif n'offre pas un profil figé dans le marbre. Il est humain, perclus de doutes, de peurs, commettant des erreurs, chutant, s'interrogeant sur ses capacités et parfois même sur sa raison d'être. Le sport est l'outil qu'il utilise pour apprendre à se connaître et à se réaliser. Outil efficace et révélateur, car les résultats sont rapides, tangibles, sans appel. Il diffère des autres moyens d'expression en cela qu'il génère un état d'esprit qui lui est propre, qui fait appel à des valeurs spécifiques, mais universelles et convoitées. Ces valeurs peuvent durer et conserver leur efficacité, même transposées à d'autres sphères. Elles ont pour avantage de nourrir la petite flamme du combat qui peut nous réchauffer dans le quotidien, loin des terrains de sport, sur les terrains de vie cette fois.

Ce sont ces valeurs, mes valeurs, que je vous propose de découvrir dans les pages qui suivent. Elles sont abordées à travers le prisme de mon expérience, de mon parcours. Elles n'ont nulle prétention, et sûrement pas celle de s'ériger en vérité absolue. Imparfaite et perfectible, je le suis et le demeure. Cet ouvrage écrit avec passion, est le fruit de mes expériences vécues. Je vous les livre en l'état ainsi que les réflexions qu'elles m'ont suscitées. Mes « suggestions » ou mon « intime conviction » accompagnent le récit au fil des pages. Ces encadrés soulignent des exemples concrets puisés dans mes divers secteurs activités, pour donner du corps et de la chair à la réflexion.

J'ai articulé cet ouvrage autour de témoignages recueillis par mes soins auprès de quatre personnalités. Toutes figures éminentes de la pratique sportive de haut niveau : Laure Manaudou, Jean-François Lamour, Emmanuel Petit et

Christian Califano. Les deux premiers sont champions olympiques dans des disciplines individuelles (la natation et l'escrime), le troisième est champion du monde d'une discipline collective (le football), et le quatrième vice-champion du monde de rugby. Au-delà de leurs différentes perceptions de leur sport, de leurs particularités, ils illustrent chacun à leur façon les facettes du tempérament des champions qui percent dans le brouillard des difficultés de la compétition : abnégation, effort, talent.

Tous les quatre, également, vivent ou ont vécu les errements de la reconversion dans la vie « réelle ». J'ai, moi aussi, traversé ce nécessaire et douloureux virement dans mon existence lorsqu'il s'est agi de quitter les bassins de la compétition d'abord, du spectacle ensuite.

Cette aventure de l'écriture d'un livre constitue une nouvelle étape de mon existence. La nouveauté de l'exercice m'effraie un peu, je l'avoue, tout autant qu'elle m'attire. Je tenterai de m'y frotter avec les armes qui auront été les miennes tout au long de mon parcours, mais avec d'abord l'humilité de celle qui choisit d'engager une réflexion personnelle sur le sport et ses valeurs. Ses valeurs humaines, ses contradictions éternelles.

Une démarche prudente, nuancée j'espère, avec la volonté de ne jamais vouloir donner de leçon à quiconque ; sans la moindre prétention d'apporter des recettes toutes prêtes. J'ai conscience que le récit livre pêle-mêle une réflexion personnelle, des bribes d'autobiographie ; que s'y disputent considérations sportives et convictions intimes, portées par une analyse aussi spontanée qu'imparfaite et contestable. C'est le choix de ma démarche, car je reste intimement persuadée que l'individu n'est jamais cloisonné dans des raisonnements figés. Il reste soumis au magma de courants divers, contradictoires parfois, où se mêlent de manière diffuse son vécu personnel, la force de son mental et les codes sociaux. À lui de s'adapter pour gérer ces paramètres du mieux possible afin de réussir sa vie. Notre objectif à tous !

Nos existences sont toutes différentes et incomparables, avec nos ressorts intimes et nos nœuds inconscients. Ce livre n'est que le fruit de mon vécu, bâti sur mes réussites tout autant que sur mes échecs. À sa modeste mesure, j'espère qu'il pourra apporter sa petite pierre à l'édifice de votre réflexion. Une petite pierre, un caillou qui ricoche sur l'eau vers d'inconnus rebonds.

CHAPITRE 1

LE SPORT OU L'ÉTERNELLE ÉMOTION

Comment ne pas y voir un clin d'œil du destin ? En pénétrant, l'hiver dernier, dans la piscine de Schiltingheim près de Strasbourg, pour le tournage de l'émission *Splash* pour TF1, j'ai été saisie d'une étonnante émotion. Elle m'aura accompagnée pendant les semaines de préparation et d'enregistrement, sans que je l'évoque à personne. Mélange de nostalgie et de détachement face au temps qui passe. C'est dans cette même enceinte qu'un quart de siècle plus tôt, j'avais vécu la plus grande émotion de ma vie de sportive.

Nous étions le 20 août 1987. Moi, juchée sur la plus haute marche du podium des championnats d'Europe. Je venais de remporter mon troisième titre européen de la compétition, dans la catégorie solo.

Je portais fièrement la médaille d'or autour du cou, caressant discrètement le métal au creux de la main. Mon regard se portait vers le drapeau français. Je le voyais s'élever et sentais l'émotion m'envahir en écoutant *La Marseillaise* reprise en cœur par les 2000 spectateurs debout dans la piscine de Schiltingheim. J'étais debout face à eux, face à l'eau, face à ma victoire. Un frisson m'a parcourue au plus profond. Ma voix s'est élevée pour s'unir à celles des spectateurs. L'émotion que j'ai sentie monter était sublime. Enfin, je touchais du doigt ce que j'avais cherché toute ma carrière : la reconnaissance du public, l'impression d'exister, d'être capable de faire quelque chose de grand dans ma vie. J'atteignais enfin le parfait équilibre entre la quantité de travail fourni tout au long de ces années et l'intensité de la récompense. Ce public de Schiltingheim m'a offert l'instant le plus beau et le plus émouvant de toute ma carrière sportive.

À cet instant précis, j'ai touché ma limite ! En redescendant du podium, je me suis demandé ce que le sport allait pouvoir, dans l'avenir, m'offrir de plus beau et de plus intense que cette émotion. Cette médaille a mis un terme à ma passion de la compétition sportive.

Je me sentais prête à sortir de l'eau et à apprendre à marcher vers de nouveaux horizons.

CES LIMITES QU'ON PREND PLAISIR À REPOUSSER

« On ne franchit jamais une limite : on la pousse devant soi »
Robert Sabatier, écrivain et poète français

À quoi bon nager tant d'heures, nager encore et toujours… sinon pour approcher mes limites et découvrir qu'elles ne sont que le fruit de mes peurs. Avec la natation synchronisée, je n'ai eu de cesse de chercher à quel moment j'atteindrais mes limites et comment je le saurais. C'était l'une de mes angoisses : savoir m'arrêter avant qu'une plus jeune ou plus talentueuse ne me pousse vers la sortie, ou avant d'aborder la pente descendante, celle où les résultats deviennent aléatoires.

J'étais persuadée que mes limites seraient physiques et imposées par le corps, tant je le poussais à l'extrême. Mais à chaque fois qu'il me semblait les atteindre, elles s'effaçaient telle une porte qui s'ouvre vers un nouveau champ de possibles. Une perspective plus grande à explorer.

Pour avancer sans me démotiver, j'utilisais la technique de la visualisation. Il s'agit de la capacité de l'esprit à se projeter en pensée dans une situation qui n'existe pas encore afin de s'y préparer. Elle permet d'aborder tous les aspects (humains, environnementaux, émotionnels, etc.), en vue de trouver confiance et maîtrise de soi. Cela demande une concentration optimale et une focalisation de tous les sens.

Chez le sportif, la visualisation permet de se préparer mentalement à l'échéance à venir, en éprouvant dans son corps et dans son esprit, toutes les étapes de l'exploit à produire. Dans mon sport, les apnées actives (appelées ainsi car le corps est en action) sont extrêmement longues. Pour développer ma cage thoracique et gagner quelques précieuses secondes sur mes adversaires, je faisais en plus des longueurs de 50 m d'apnée qui me servaient d'échauffement aux entraînements, de la visualisation dans mon lit.

Intime conviction

Allongée les yeux fermés sous ma couette, je prenais une grande inspiration, je bloquais les poumons et me voyais mentalement glisser la tête sous l'eau. Immergée entre deux eaux, je comptais le nombre de mouvements de brasse (onze au total) qu'il me fallait effectuer pour couvrir les cinquante mètres du bassin. Tout mon corps était tendu par l'effort. Je voyais les gens nager au-dessus de moi et le sang me tambourinait aux tempes. Quand l'effet de suffocation me gagnait, j'essayais de calmer la panique qui m'envahissait. Je me concentrais sur les muscles en cherchant à prévenir toute contraction, à mieux faire circuler l'oxygène dans les membres. Parfois, je fixais mon attention sur les images qui défilaient devant mes yeux. Certaines me paniquaient : je me voyais bloquée en plein ballet, la tête en bas, dans l'incapacité de terminer ma bascule pour respirer. Et j'étais au bord de mourir asphyxiée. De nombreuses peurs surgissaient, mon but était de voir celles qui avaient un sens et celles, irrationnelles, qui ne pouvaient déboucher sur une situation concrète. Ces séances de visualisation me permettaient de travailler l'apnée hors de l'eau, de préparer mon corps en repoussant mes limites physiques, et de trouver en moi la confiance nécessaire pour reproduire l'effort dans la réalité du bassin. J'ai ainsi pu atteindre les trois minutes trente d'apnée !

Ce travail de visualisation, que j'appliquais à tous les secteurs clés de la natation synchronisée (le foncier, la technique, l'artistique, etc.), me permettait de dépasser des barrières psychologiques nourries de mes peurs, tout en préparant mon corps à des exploits toujours plus grands. J'ai découvert que quel que soit le domaine concerné, mes seules limites étaient toujours celles que je me fixais dans la tête. Avec du temps, de l'entraînement, et une bonne hygiène de vie, aucune ne résistait à ce travail mental.

ÉCOLE DU SPORT, ÉCOLE DE VIE

« Je ne crois pas à l'effort pour l'effort,
je crois à l'accomplissement des rêves »
Yannick Noah, champion français de tennis

Le courage et la persévérance

Jamais je ne me serais autant investie en natation synchronisée si je n'avais trouvé dans cette discipline l'association de mes deux passions : l'eau et la danse. Dès l'âge de huit ans, je rêvais d'être petit rat à l'Opéra de Paris et mon attirance pour l'eau m'avait conduite à m'inscrire dans un club de natation sportive. Lorsqu'un entraîneur est venu monter une section de natation synchronisée, ce fut la révélation. Voilà **LE** sport que je voulais pratiquer !

L'environnement me correspondait bien également. Je me sentais protégée par l'eau qui créait une barrière entre moi et le monde extérieur. Personne en dehors de mes coéquipières ne franchissait cette frontière. Lorsque les entraîneurs s'énervaient contre nous ou criaient trop fort, je glissais la tête sous l'eau, fermais les yeux et me laissais envahir par le silence, la fluidité et le sentiment d'enveloppement de l'eau.

Très jeune, j'ai compris que je trouverais constamment sur ma route des adversaires qu'il me faudrait dépasser pour atteindre mes objectifs. Si généralement les compétitions me permettaient de les croiser deux ou trois fois dans l'année, à l'occasion des grands rendez-vous, tous les autres jours dans le quotidien assez linéaire de mes journées rythmées par l'entraînement, c'est bien contre moi que je me battais, contre mes peurs, mes doutes, mon non-désir d'aller m'entraîner certains jours.

Cette motivation était possible car une flamme vibrait en moi : la passion.

C'est probablement là que le sportif de haut niveau est remarquablement fort. Il faut du temps pour construire une carrière, un nom, une image. Et pour tenir dans la durée, il faut être passionné !

Intime conviction

Atteindre le haut niveau est possible pour une petite frange de compétiteurs. Mais parvenir à maintenir ses performances dans la durée constitue une difficulté encore plus grande. Dès le rendez-vous suivant, le risque est grand de dégringoler à son niveau précédent. Pour l'éviter, il est nécessaire de tirer rapidement parti de cette situation imprévue : redéfinir la charge de travail, revoir les objectifs, et parfois aussi l'encadrement. Devenir le meilleur et le rester implique de s'appuyer sur des fondations solides qui sont indépendantes d'un coup d'éclat ponctuel. Elles se construisent avec du temps, une bonne stratégie, et beaucoup de travail. On ne naît pas courageux, on le devient !

Pour durer, le but recherché doit être clair, le désir fort, la motivation puissante. Le but, c'est l'échéance lointaine ; le podium, le titre, la médaille. Le désir, c'est la volonté farouche d'y arriver, de se surpasser, de faire en sorte que chaque journée serve le but. La motivation, c'est savoir que notre rêve est accessible mais qu'il a un prix : celui de l'effort, du travail, de l'exigence et de l'assiduité.

Le courage a besoin de temps pour grandir et se fortifier. Il a besoin de persévérance ! En effet, la persévérance est indispensable pour atteindre des objectifs ambitieux. Réussir dans le sport demande de maîtriser un environnement, une technique propre à sa discipline, à son corps, développer ses talents naturels, acquérir des compétences. Cela ne se fait pas du jour au lendemain. Le fil conducteur reste toujours notre capacité à apprendre, à comprendre, et à nous surpasser.

Apprendre, c'est reconnaître que l'on ne sait pas tout. C'est chercher à acquérir les connaissances qui nous manquent. Plus le sportif progresse, plus il va chercher à apprendre au contact des meilleurs entraîneurs, des meilleurs compétiteurs (même s'ils sont ses concurrents directs). S'entraîner avec eux, apprendre d'eux et devenir encore meilleur. Et plus il progresse, plus il s'approche de l'excellence.

Celui qui pense tout savoir a déjà atteint sa limite. L'hiver, je traversais souvent des périodes laborieuses qui s'étalaient sur plusieurs semaines ou plusieurs mois. Malgré tout, il fallait continuer à s'accrocher, à persévérer. C'est l'habitude qui me faisait tenir, bien plus que la passion ou la volonté. J'ai remarqué que ma marge de progression était plus forte lors de ces périodes. Une fois l'étape franchie, il n'y avait pas de retour en arrière. Il me restait à la consolider, à la stabiliser avec de l'entraînement, avant d'aborder un nouveau palier de progression. Souvent, j'ai vu mes limites voler en éclats lors de ces périodes difficiles. C'est peut-être à ce moment clé que se fait la différence au plus haut niveau, entre ceux qui persévèrent dans cet ultime moment de fatigue et ceux qui abandonnent.

QUAND ENFANCE RIME AVEC PERSÉVÉRANCE

L'enfant qui deviendra leader dans son sport découvre généralement son activité de prédilection vers l'âge de six-huit ans. Mû par le désir de vivre sa passion, poussé par un encadrement propice à son épanouissement, il s'inscrit dans la durée grâce au plaisir éprouvé par l'activité sportive. Son sport, ses règles et ses contraintes l'accompagnent tout au long du développement de sa croissance et façonnent son mental, son physique et son émotionnel. Ces trois piliers vont se développer au contact de la réalité du terrain (gagner, perdre, s'accrocher, recommencer, etc.).

L'apprentissage du jeune champion peut se résumer en ces termes :

AGIR – APPRENDRE – COMPRENDRE ET S'AMÉLIORER – AGIR – APPRENDRE…

Les concepts, les idées intellectuelles et les définitions théoriques qui accompagnent généralement l'évolution du jeune sur les bancs de l'école n'ont de sens pour le sportif que s'ils prouvent leur efficacité concrète.

À partir de ce constat, il est aisé de comprendre pourquoi et comment le champion développe naturellement des valeurs qui vont intrinsèquement transformer sa façon d'être et d'agir.

À ces valeurs vient s'ajouter une hygiène de vie. Elle lui permet d'appréhender sa carrière avec de bonnes habitudes alimentaires, un équilibre travail/sommeil respecté, moins de dépendance à la cigarette, aux drogues et à l'alcool. En somme, une éducation tournée vers la quête de la performance avec un corps en bonne santé !

Mes suggestions

N'hésitez jamais à remettre en question vos certitudes, vos connaissances.

Vivez chacune de vos journées pleinement. Pour développer votre courage, fixez-vous des petites victoires à atteindre. Souvent, nous nous perdons à regarder les objectifs lointains qui nous semblent inaccessibles tant le quotidien demande des efforts. La meilleure façon de les atteindre est de poser une pierre après l'autre, de faire un effort après l'autre, de remporter une victoire après l'autre. C'est ainsi que se construisent les cathédrales. Et vos efforts sont les pierres qui soutiendront votre cathédrale.

Persévérez lorsque vous rencontrez des difficultés. Prenez les une par une, cherchez à comprendre pourquoi elles entravent votre chemin, où réside le nœud, comment le contourner ou le dénouer. Pas à pas, vous trouverez les solutions et gagnerez en expérience, renforçant vos points forts, fortifiant votre personnalité et élargissant votre potentiel.

Allez chercher auprès de ceux que vous admirez, que vous reconnaissez, les savoirs, les expériences qui, certes, pourront ébranler vos certitudes, mais qui vous permettront d'avancer.

N'utilisez pas vos expériences pour exercer du pouvoir sur les autres. En revanche, en confrontant votre analyse et la leur, vous les ferez grandir et grandirez par la même occasion.

La motivation

« La motivation vous fait débuter,
mais c'est l'habitude qui vous fait continuer »
JIM RYUN, champion américain d'athlétisme

La motivation qui m'a permis de passer du statut de petite nageuse tourangelle à celui de championne mondiale, puis de créer de grandes productions aquatiques (*Sirella* et *Crescend'O*), a trouvé ses racines dans quatre convictions fondamentales à mes yeux.

– Rien n'est jamais acquis dans notre monde en perpétuelle évolution. Il est donc primordial de cultiver l'adaptabilité et de donner du sens à nos propos, nos actions, nos objectifs.

– C'est toujours contre soi que l'on se bat, contre ses peurs et ses doutes. L'adversaire est le révélateur de nos potentiels et nos limites. Il détermine le but à atteindre et dessine le chemin à parcourir. Mais nous restons toujours notre plus grand adversaire.

– Les grandes victoires se gagnent au quotidien, dans la quête de l'excellence et du dépassement de soi. Plus l'objectif est élevé, plus il est nécessaire d'ancrer son travail dans le présent en lui apportant concentration, motivation et énergie.

– Les grandes réalisations reposent sur une bonne préparation qui ne fait pas perdre du temps, mais en gagner.

Beaucoup d'entraîneurs vous diront que le lien entre motivation et performance va de soi. On ne peut exceller sans être motivé, c'est le fondement même d'une réussite sportive. Pour que votre motivation soit forte et perdure tout au long de votre projet, faites la reposer sur les quelques propositions suivantes.

Mes suggestions

Tout commence au niveau de l'esprit. Acceptez l'idée que vos rêves sont à votre portée, mais qu'il va falloir travailler, beaucoup travailler, pour les voir se réaliser. Heureusement, le travail n'est plus un labeur quand on se lève pour bâtir son rêve.

Selon les circonstances, analysez les raisons qui vous poussent ou vous empêchent de passer à l'action. Les peurs sont des freins terribles qu'il faut comprendre pour pouvoir les dépasser.

Partez de votre situation actuelle et des moyens dont vous disposez. Puis visualisez le chemin à parcourir pour atteindre votre rêve. Bâtissez ensuite une stratégie qui relie les deux et qui passe par différentes étapes. Pour nourrir votre motivation, avancez étape par étape, journée après journée, action après action.

Soyez attentif à conserver un rythme qui vous convienne. Donnez un coup de collier quand c'est nécessaire, mais sachez aussi lever le pied quand le besoin s'en fait sentir. Votre corps est votre meilleur indicateur.

Cherchez la plus-value de votre projet par rapport au concurrent. Si vous n'en avez pas, trouvez-la ! Cela vous obligera à être novateur, imaginatif, parfois décalé.

Acceptez l'idée que vous rencontrerez des obstacles, des contretemps, des empêcheurs de tourner en rond. Ne vous découragez pas, revenez toujours aux raisons qui vous ont poussé à vous mettre en mouvement.

Le premier pas est toujours le plus difficile, mais une fois réalisé, les autres suivront, soyez-en sûr. Avancez avec raison, sens et détermination. La motivation reste votre meilleure alliée. L'excellence viendra en chemin. Le succès aussi, peut-être... Au moins celui d'avoir osé !

L'important n'est pas tant le but que vous atteindrez que le chemin que vous parcourez. C'est lui qui vous révélera à vous-même, en mettant au jour vos potentiels et les talents que vous possédez.

« JE SAVAIS QUE J'ALLAIS GAGNER »

Une interview de Laure Manaudou

Fraîchement retraitée de la compétition, Laure Manaudou analyse son parcours, ses choix, ses erreurs pour regarder ses projets d'avenir, avec franchise et lucidité. Elle entend trouver dans la force mentale qui l'accompagne une voie pour s'épanouir dans sa seconde vie, à l'écart des bassins.

– Laure Manaudou, à l'heure où l'on choisit d'arrêter sa carrière, quelle est la plus grande difficulté que vous rencontrez ?

C'est la sensation d'inconnu. Comme un trou noir. Après quinze ans de natation, je me trouve avec le sentiment de ne savoir faire que ça. D'avoir toutes mes aptitudes concentrées dans ce domaine. J'ai arrêté l'école en seconde, et je n'ai jamais vraiment eu l'occasion d'être aiguillée vers le design, la déco ou d'autres domaines qui auraient pu me passionner. En conséquence, je ressens une certaine difficulté à exprimer ce qui pourrait me plaire ou me convenir, à part la natation.

– Avez-vous été accompagnée par une structure, telle la Fédération Française de Natation, par exemple, pour travailler en amont cette phase de reconversion ?

Non… Je m'en suis rendu compte après les Jeux olympiques de Pékin en 2008, quand j'ai cessé la compétition. Je me suis trouvée plongée dans une phase sombre. J'ai compris que j'avais fait le choix d'arrêter de nager et que de nombreux nageurs autour de moi faisaient, pour leur part, le choix de continuer à défaut de pouvoir faire autre chose. Quelque part, c'est un peu ce que j'ai fait moi aussi la première fois en revenant à la compétition en 2011, après avoir accouché de mon premier enfant, en avril 2010. En 2007, je n'avais plus aucune envie de revenir à la compétition, mais je m'y suis sentie obligée vis-à-vis de mes sponsors, de mon entourage. C'est ce qui explique mes résultats aux Jeux olympiques de

Pékin[1]. Il me manquait la motivation profonde. Et quand je n'ai pas envie, je ne fais pas... Peut-être que l'aide de quelqu'un m'aurait été utile. Pour ma part, j'ai eu la chance d'avoir des sponsors à mes côtés, et de pouvoir vivre de mon sport. Mais j'ai aussi conscience que cela ne sera pas éternel. Alors oui, c'est difficile de ne pas être accompagnée. De ne pas savoir ce que sera demain, de ne pas avoir de soutien pour préparer l'avenir.

« À dix-sept ans, j'ai dû affronter les journalistes qui voulaient tout savoir. Je n'y étais pas préparée »

Interview

– En 2013, vous quittez à nouveau la compétition, mais cette fois-ci sans aucun désir d'y revenir... Avez-vous le sentiment de revivre la même situation ?

Je savais à quoi m'attendre. Donc je ne suis pas surprise. Après, se pose la question de me définir une voie : la télévision peut-être, travailler avec les sponsors... L'important est de trouver une mission qui corresponde en profondeur à mon tempérament, car j'ai peur de me lasser, à terme. Je veux pouvoir m'engager dans une voie en étant certaine que cela se fondra dans la durée avec mes valeurs profondes.

– Dans la natation, pourtant, vous avez enduré toutes les exigences dans la durée, et sans vous lasser...

C'est la victoire, le goût de la victoire, qui m'a motivée à continuer. Ce sont des sensations uniques. La difficulté qui se pose aux sportifs de haut niveau, d'ailleurs, se concentre sur la recherche de cette adrénaline dans la vie quotidienne, une fois que la page est tournée. Sans que je m'y attende vraiment, j'ai obtenu dès dix-sept ans de bons résultats rapidement et je me suis retrouvée propulsée devant les caméras, sans y être évidemment préparée. J'ai dû affronter les journalistes, qui voulaient tout savoir, et pas forcément le meilleur ; je me méfiais. Je ne savais pas ce qu'était un média-

1. La nageuse française n'y a remporté aucune médaille.

training[1], je me méfiais des intrusions dans ma vie privée. À dix-sept ans, c'est normal de ne pas être prêt à affronter ça, me semble-t-il. Les questions qui me sont posées sont presque toujours les mêmes. Alors j'ai appris à maîtriser l'art des relations avec les médias sans accompagnement, et j'en ai parfois souffert. J'ai appris les règles à mes dépens. J'ai fait beaucoup d'erreurs, certes, mais je sais au moins qu'elles serviront à mon frère pour les éviter.

– Avez-vous sollicité la fédération pour l'inviter à vous accompagner en vue de votre reconversion ?

Le problème, c'est que la fédération a noué des relations meilleures avec certains clubs qu'avec d'autres. Elle soutient en particulier l'INSEP[2] et le pôle d'Antibes. Pour ma part, j'étais entraînée par Philippe Lucas, qui n'avait pas de lien particulier avec la fédération. Considérant qu'il n'avait pas été soutenu, il faisait sans eux... Peut-être aurais-je dû à l'époque faire la démarche à titre individuel de me manifester plutôt que de rester dans le sillage de mon coach et subir la situation. De nombreux nageurs continuent ainsi de rester dans les bassins, juste par peur d'affronter l'avenir.

« Continuer à nager juste pour payer son loyer, ça ne suffit pas »

– Conservent-ils dans la compétition la même « niaque », ce goût de la bagarre ?

Non... Continuer juste en retour de l'argent qu'on reçoit de son club, juste parce que cela permet de payer le loyer n'est pas suffisant comme motivation intime pour progresser. Quand on se bagarre dans l'eau et qu'on ressent, ne serait-ce qu'un quart de seconde, ce plaisir de la victoire, c'est une adrénaline toute particulière. On ne la retrouve pas aussi fortement dans la vie de tous les jours. Je ne suis pas dupe, je sais que je ne la retrouverai pas tout de suite dans mes

1. Formation pour se préparer à être interviewé par des journalistes.
2. Institut National du Sport, de l'Expertise et de la Performance.

Interview

nouvelles fonctions. Mais je sais aussi que je peux rencontrer du plaisir malgré tout dans la voie qui sera la mienne, si je prends le temps de faire un bon choix. Rester dans la natation, par exemple avec des fonctions dans l'encadrement ou l'entraînement des athlètes ? Non, je veux tourner la page de la natation.

– Les exigences d'entraînement du haut niveau vous semblent-elles compatibles avec la possibilité à titre individuel d'élargir votre horizon de connaissances ? D'aller à la fac, de prendre des cours d'anglais, pourquoi pas...

Quand on passe six heures de sa journée la tête dans l'eau, *a priori* non... Surtout quand personne ne vient vous sensibiliser à cet aspect. D'une certaine manière, il aurait peut-être fallu me contraindre à élargir mon horizon au quotidien. Probablement me serais-je lassée de nager moins vite.

– Quelles valeurs pensez-vous avoir développé grâce au sport ?

Rigueur et persévérance. Montrer que tout est possible, que les Français ont les mêmes chances de victoires que les Américains ou d'autres compétiteurs de nations concurrentes. Ce sont des valeurs incontournables dans le sport de haut niveau qui peuvent et qui doivent m'aider ensuite dans cette nouvelle vie qui m'attend, loin des bassins.

« Je faisais tout pour que mes adversaires soient convaincues que j'étais la meilleure »

– Où avez-vous trouvé l'énergie d'endurer les souffrances du haut niveau ?

Tout était fait pour cela. Je n'allais pas en cours, je pouvais faire la sieste. J'avais aussi un coach qui nourrissait ma confiance personnelle en me disant que j'étais la meilleure. D'ailleurs, je faisais tout pour que mes adversaires en soient convaincues, pour prendre un ascendant mental avant le départ. Avant la course, je me disais qu'elles considéraient avoir perdu d'avance… Le mental joue pour beaucoup. Arriver dans la chambre d'appel en regardant ses pieds, ou se dresser tête haute en regardant tout le monde ne laisse pas la même impression aux adversaires… Malgré ma timidité naturelle, je me transcendais sur le plot de départ. J'étais comme un coq.

– Cela tendrait à donner de vous l'impression d'une Laure multifacettes…

Il y avait plusieurs « moi ». Perdre m'a toujours été insupportable. Plus jeune, je pleurais quand j'arrivais deuxième. La natation m'a incontestablement donné confiance en moi, et je dois aussi rendre hommage, de ce point de vue, à mon entraîneur pour la confiance qu'il m'a témoignée. L'entourage est capital pour renforcer la confiance qu'on peut ressentir. Elle dépend à 50 % d'un travail qu'on accomplit soi-même ; l'autre moitié vient des proches. La confiance, c'est quelque chose qui s'échange et se multiplie entre l'athlète et son environnement.

– Le sentiment de revanche vous a-t-il animée ?

Oui, lorsque s'est posée la question de mon retour à la compétition après les JO de Pékin. Je savais que j'en étais capable, mais je recevais en retour l'écho de tous ceux qui ne croyaient plus en moi et se répandaient dans la presse en faisant des déclarations méchantes. Cela a nourri ma rage de leur démontrer qu'ils se trompaient.

– Avez-vous déjà ressenti l'impression d'avoir atteint vos limites ?

Quand j'ai repris l'entraînement aux États-Unis, après la naissance de ma fille, oui… Ma limite se situait davantage dans le domaine de l'envie que du potentiel. Le potentiel, ça se travaille. La limite, je sais qu'on l'atteint forcément avec les années qui passent.

« J'avais besoin de la dureté de Philippe Lucas »

– Avez-vous déjà recouru à une préparation mentale ?

Non, car mon coach se chargeait très bien de faire naître la confiance en moi. Il était dur, c'est vrai, mais sans doute en avais-je besoin. J'aurais eu du mal à travailler avec quelqu'un de doux. Il me fallait quelqu'un pour m'aiguiller, pour me rappeler que j'avais arrêté l'école et que je n'avais pas d'autre choix que réussir dans les bassins. Sans le tempérament de Philippe Lucas, je n'y serais sans doute pas parvenue. Aujourd'hui, c'est différent. Je suis plus âgée, et je ne serais pas disposée à encaisser tout ce qu'on peut entendre de son coach quand on est plus jeune. Ma vie n'est plus la même, j'ai davantage de répondant, et c'est normal quand on est adulte. À vingt-six ans, on ne me parle plus comme quand j'étais une gamine de seize ans. En outre, j'ai découvert ce qu'est la responsabilité d'avoir créé une famille, avec ma fille Manon. Sa naissance m'avait déjà fait prendre conscience que la natation n'était pas tout.

– Avec le recul, pensez-vous avoir commis des erreurs ?

Bien sûr, comme tout le monde, par exemple lorsque j'ai écouté mon cœur en tombant amoureuse. Cela ne m'a pas servi pour la natation, mais je ne regrette rien. J'ai vécu des revers, bien sûr, mais je m'en suis relevée en me reconstruisant autour de mes parents et de mon frère Florent, qui m'a beaucoup aidée. Sur le plan sportif, peut-être aurais-je pu gagner davantage d'argent, voire obtenir d'autres succès dans les bassins en restant avec Philippe Lucas, mais ma priorité était d'être heureuse avant d'être riche. Je n'aime pas les contraintes, j'aime ce sentiment de liberté, même si cela peut sembler correspondre à un caprice. On m'a beaucoup reproché de ne jamais écouter autrui, d'être une tête de mule. Mais au moins, je ne me laisse plus marcher dessus. Je n'accepterai jamais que quelqu'un décide pour moi. C'est comme ça que je veux vivre.

« Le talent dans sa discipline, on l'a ou on ne l'a pas »

– Comment vivez-vous votre notoriété ?

Aujourd'hui, je m'en suis accommodée. Mais tel n'a pas toujours été le cas. Plus jeune, je la vivais très mal. J'avais le sentiment d'être tout le temps épiée. J'en étais venue à ne plus sortir de chez moi, à vivre calfeutrée. Depuis la naissance de Manon, le regard des autres et leur attitude ont changé. Je suis beaucoup plus respectée depuis que je suis maman, même si on est parfois surpris de me retrouver dans un hypermarché à pousser mon chariot. J'ai envie de vivre comme tout le monde.

– Si votre fille manifeste un jour un désir de devenir une grande championne, l'encouragerez-vous ?

Ce sera compliqué… J'aurais peur qu'elle commette les mêmes erreurs que moi. La laisser partir à quatorze ans de la maison ? Pas sûr que je sois prête à vivre la douleur que ça peut représenter pour des parents. Mon père m'a confié récemment que Philippe Lucas était venu le trouver en lui disant : *« Si vous me laissez m'occuper de votre fille, dans quatre ans elle sera championne olympique à Athènes. »* Il a eu cette force, et cette confiance d'y croire. Serai-je capable de laisser partir ma fille ? J'en doute…

– Quelle était votre méthode personnelle pour gérer le stress de la compétition et les émotions fortes ?

Tout l'enjeu était de dissocier ce que j'appellerais le « bon » stress du mauvais stress. Je savais que j'allais gagner. Je ne doutais pas.

– Jamais ?

Non, jamais. Nous avions une stratégie, mon coach et moi : partir à fond dès le départ pour « tuer le mental » de mes adversaires. Qu'elles me voient cinq mètres devant, dès le plongeon pour qu'elles intègrent d'entrée l'idée qu'il leur serait impossible de me rattraper. C'est ce que je pensais. Peut-être pensaient-elles autre chose, mais l'important est ce qui m'habitait et me faisait me surpasser. Il y a le mental, mais après, ça ne suffit pas. Le talent ou le potentiel dans sa discipline, on l'a ou on ne l'a pas.

LE REFLET DE SES CHOIX

À l'heure où paraît ce livre, Laure Manaudou s'apprête à ouvrir une nouvelle page de sa vie. Elle s'y emploie depuis l'hiver 2012 à travers son retrait des bassins. Y parviendra-t-elle ? L'avenir le dira ! Désormais il lui faut s'habituer à se passer progressivement des applaudissements de la foule, de la montée d'adrénaline de la compétition ou des caméras. Sans doute lui faudra-t-il savoir s'inspirer de toutes les vertus dont elle a témoigné depuis ses premiers plongeons, depuis qu'elle a commencé à accumuler les longueurs, le regard tourné vers le bleu des piscines.

L'horizon qui l'attend démontre l'ampleur du challenge à relever : sa reconversion. Mais Laure Manaudou, dans les inévitables phases de doute qu'elle risque de rencontrer, pourra s'appuyer sur les facettes de son tempérament de championne et la confiance en elle qu'elle a acquise au fil des ans. De la vie sportive à la vie civile, c'est toujours l'individu qui décide de ses choix et s'appuie sur ses talents propres. Les pages qui s'offrent à votre lecture tentent une réflexion sur l'intérêt de croire en son aptitude à réussir son parcours.

La confiance en soi

> *« Une des clés du succès est la confiance en soi. Une des clés de la confiance en soi est la préparation »*
>
> ARTHUR ASHE, champion américain de tennis

Il ne faut pas croire que le champion commence et/ou termine systématiquement sa carrière avec une grande confiance en lui. C'est une perception très intime sur laquelle le sport n'influe qu'en partie. L'activité sportive va l'aider à développer une confiance dite spécifique, celle liée à la maîtrise de son sport. En opposition à la confiance globale qui permet d'oser en toute circonstance sans être en permanence soumis aux interrogations d'un mental toujours prompt à critiquer. Bien sûr, on peut supposer que la première le conduira à développer la seconde.

Les techniques sur lesquelles le sportif s'appuie sont les suivantes.

– Une grande maîtrise de son art par la répétition des gestes qu'il travaille tous les jours, des heures durant. Le corps acquiert alors des automatismes qui libèrent l'esprit, permettant au champion de se concentrer sur l'essentiel, sur les instants stratégiques de son geste.

Intime conviction

Pendant les dix mois qui ont précédé les championnats du monde de Madrid, en 1986, je me suis imposé à chaque entraînement d'exécuter mon programme libre au moins deux fois en entier afin d'être capable, le jour J, de le nager une fois sans trop d'erreurs ni de fatigue. Au début, il m'était impossible d'aller jusqu'au bout. J'avais beau penser à chaque difficulté technique, chaque obstacle à surmonter, chaque piège à éviter, j'en oubliais à chaque fois la moitié. Et je terminais épuisée, persuadée de ne pouvoir faire plus ni mieux. Au fil des mois, ma technique a progressé, me permettant de gommer certaines faiblesses ; mon corps s'est adapté à la fatigue, la rendant plus diffuse et supportable. Ces séquences ont libéré mon esprit, lui permettant de se focaliser sur l'essentiel. Le jour de la finale mondiale, je me suis concentrée sur les trois difficultés techniques à ne surtout pas rater. Le reste avait été suffisamment travaillé et dépassé pour devenir automatique. Ma confiance a grandi. C'est là que j'ai compris que le podium était à ma portée.

– Une grande capacité de concentration. Elle se travaille tous les jours et impose de maîtriser et de diriger son esprit sur l'objet de son attention. Plus vous vous concentrerez, plus vous pourrez le faire longtemps et avec qualité.

– Une stratégie qui intègre le profil de l'adversaire. Chaque concurrent ayant ses spécificités et un parcours différent, il est important d'adapter son travail et ses atouts à ces caractéristiques. Cette approche implique d'anticiper et d'adapter ses efforts en fonction de chaque adversaire. D'où l'importance de mener les combats les uns après les autres !

Le sportif ne sait pas si sa stratégie se révélera positive, car le résultat n'est jamais garanti d'avance. Mais, quoi qu'il advienne, il reproduira en pensée, après la compétition, le parcours qui l'a conduit à ce résultat et en gardera les éléments à conserver et ceux à oublier. Il se créera ainsi au fil du temps, SA stratégie gagnante !

– Une gestion optimale du temps dont il dispose intègre chaque étape à traverser comme un but dans le but, avant d'atteindre l'épreuve finale de la saison.

– La confiance accordée aux autres implique d'accepter de ne pas tout maîtriser, de ne pas tout connaître. Christian Califano y fait référence dans son interview (lire page 43), lorsqu'il dit que déléguer n'est jamais facile, et que la confiance, ce n'est pas quelque chose que l'on décrète ou que l'on décide d'instaurer en deux mois.
Faire confiance dans le sport est plus facile qu'en entreprise. L'entraîneur (dont on peut assimiler le statut à celui du manager) ne trahit jamais son poulain. Au contraire, son but est de le faire grandir pour récolter dans son sillage consécration, reconnaissance et gains. L'intérêt des deux est toujours étroitement lié et souvent gagnant.

– Avant chaque épreuve, la visualisation (voir page 3) permet au champion de percevoir les yeux fermés l'effort qu'il doit fournir ou le parcours qu'il doit accomplir. Ce travail mental l'aide à resituer les moments clés qui l'attendent. Il se voit en action, à la fois à travers son ressenti et le regard des autres (l'entraîneur, les juges, le public).

– Le sportif aime ce qu'il fait. Cela l'aide à déployer les efforts nécessaires qui nourriront sa confiance en lui. Il sait pourquoi il est là.

Mes suggestions

Demandez-vous :

– Pourquoi n'ai-je pas confiance en moi ? D'où cela vient-il ? Ce manque de confiance est-il lié à mon passé ? Aux remarques, aux réflexions invalidantes qui ont pu m'être formulées dans mon enfance par mes parents, mon entourage ?

En nous sommeille toujours le petit enfant que nous avons été, meurtri par des espoirs déçus, des peurs non surmontées, et désespérément en quête d'amour. Dans les moments de désespoir, de grands doutes, et dans l'intimité de votre être, adressez-vous à ce petit enfant. Prenez-le virtuellement dans vos bras et trouvez les mots pour le réconforter. Soyez tendre, soyez aimant. Et soyez indulgent envers vous-même et envers ceux qui ont accompagné votre enfance. Acceptez les éventuelles erreurs et faux pas commis. Si vous avez du mal à le visualiser, utilisez comme support une photo de vous enfant.

– Assumez vos faiblesses et vos doutes. Non, vous n'êtes pas parfait, et alors ? Connaissez-vous quelqu'un qui le soit ? Vous vous jugez encore moins bien que les autres ? Vous ne voyez d'eux que la partie qu'ils veulent bien vous laisser percevoir.

– Les épreuves nous endurcissent en nous apprenant les codes d'un monde adulte souvent intransigeant. Mais n'oublions pas que le monde est ce que nous en faisons. Il est toujours possible de le transformer. Et si changer LE monde est impossible, changer NOTRE monde (intérieur et proche) l'est.

– Travailler vos fondamentaux tous les jours, comme le sportif travaille tous les jours sa technique. Plus votre capacité à maîtriser ce que vous faites bien, et avec plaisir, sera grande, plus vous vous sentirez en confiance pour vous présenter devant les autres ou pour monter votre projet.

– Apprenez à travailler la visualisation en préparant les grands rendez-vous de votre vie. Ceux que vous ne devez surtout pas rater ! Projetez-vous en pensée dans la situation que vous attendez. Glissez les messages clés que vous voulez faire passer. Travaillez vos arguments, voyez-vous les dire, les défendre. N'occultez pas en pensée les moments que vous redoutez,

→

→

mais, au contraire, affrontez-les. On ne peut résoudre un problème qu'en le confrontant ! Vous comprendrez pourquoi ils vous font si peur. Vous trouverez leur origine et comment les dépasser. Terminez toujours en ayant atteint votre objectif. Sortez gagnant de chaque visualisation. L'aisance de la visualisation vient avec l'entraînement. Reproduisez-la chaque jour comme un entraînement sportif. C'est sa répétition qui la rendra aisée, efficace le jour J, et transformera votre façon de penser et d'agir. Ajoutez de profondes respirations après chaque visualisation pour aider votre corps à enraciner les moments clés soulevés par ce travail mental. Ouvrez les yeux et dites-vous que cette réalité est maintenant la vôtre.

– Développez votre concentration en commençant par vous isoler des sollicitations du monde extérieur (téléphone, e-mails, etc.) ; focalisez votre attention sur le sujet qui vous intéresse. Si vos pensées vous échappent, happées par autre chose, faites une lente et profonde respiration consciente. Sur le temps de l'inspiration, dirigez votre attention sur l'air frais qui pénètre dans vos narines. Sur le temps de l'expiration, relâchez les tensions des épaules et du cou, ramenez vos pensées sur votre sujet central. Vous êtes de nouveau maître de votre esprit. La concentration implique de fournir un effort régulier. Plus l'effort est répété et plus la concentration devient aisée et longue.

Accordez-vous aussi des plages de repos pour mieux y revenir. La respiration est un outil fantastique pour apprendre à se concentrer.

Donner du sens à ce que l'on fait nourrit la confiance en soi.

Donner du sens

Pour comprendre et accepter la souffrance qu'engendre le haut niveau, et afin de jouir de chaque instant de son éphémère parcours de compétiteur, l'athlète a besoin de donner du sens à ses objectifs, à sa préparation, à son quotidien.

Pourquoi donner du sens à nos pensées, nos actions nos objectifs ?

- pour être cohérent avec nous-même ;
- pour mieux accepter l'enseignement tiré de chaque expérience ;
- pour lier nos actions à nos pensées afin que les unes ne soient pas en contradiction avec les autres ;
- pour développer une motivation constante et durable ;
- pour avoir plus de chances de réussir et pour savoir pourquoi ;
- pour comprendre le décalage qui peut exister entre notre réalité intérieure et le monde extérieur.

Le monde est un vaste champ d'exploration de nos pensées, de nos certitudes. Mais que savons-nous de leur pertinence, de leur véracité tant que nous ne les avons pas confrontées à la réalité du monde qui nous entoure ! Que savons-nous de notre capacité à être de bons parents tant que nous n'avons pas élevé d'enfant ? Que savons-nous de notre capacité à manager tant que nous n'avons pas dirigé d'équipe ? Que savons-nous de la souffrance d'une personne qui perd son emploi tant que nous n'avons pas été confrontés à cette situation ?

Nous sommes constamment bombardés d'informations qui façonnent notre pensée, qui construisent notre état d'esprit et nos jugements de valeur. Elles nous donnent le sentiment d'être des experts, et nous considérant comme tels, nous n'éprouvons pas le besoin d'aller vérifier leur pertinence.

Joël de Rosnay, biologiste et spécialiste des technologies du futur, a défini l'ère de l'information dans laquelle nous sommes entrés de la façon suivante : « *Aujourd'hui, vient l'ère de l'information, nouvelle époque à partir de laquelle ce que l'un possède, l'autre peut en disposer sans perte pour le premier et avec des gains potentiels pour tous… Il nous faudra également éviter de confondre information et connaissance. Car* ***l'être humain doit s'approprier l'information pour qu'elle puisse devenir savoir.*** »[1]

1. *In* Lecerf-Thomas, B., *Activer les talents avec les neurosciences*, Pearson, 2012, p. 9.

Intime conviction

En vous livrant de nombreuses informations à travers ce livre, je vous dévoile ma façon de penser et d'agir à travers le filtre d'une sportive. Les réflexions et convictions que j'en ai tirées découlent de mon expérience et ont forgé mon mental et ma façon d'évoluer au fil du temps. Pour que ces informations vous soient potentiellement utiles, vous devez sélectionner celles qui vous semblent les plus appropriées à votre caractère et à votre vie. Ensuite, essayez de les mettre en pratique dans votre quotidien. Et pour finir, regardez ce qui en découle. Alors seulement vous pourrez témoigner de leur impact, tirer vos propres conclusions et déterminer leur pertinence. Même si votre expérience ne conduit pas aux mêmes résultats que moi, vous détiendrez la connaissance de ces informations... à travers votre vécu !

Comment donner du sens ? En vous demandant :

- pourquoi je pense ainsi ?
- pourquoi j'ai envie de faire cela ?
- pourquoi je réagis ainsi ?

C'est une technique cognitive qui permet de rester maître de ses pensées, de dominer ses émotions, d'influer sur son comportement, d'adapter ses actions, et donc d'atteindre plus d'efficacité.

Lorsque nous entamons ce dialogue intérieur, très souvent une petite voix dans notre tête nous répond. Elle connaît chaque recoin de notre personnalité. Elle se nourrit de tous les griefs entendus pendant l'enfance. Elle accuse, condamne, et nous maintient dans un sentiment d'infériorité, d'incapacité. « *Tu vois bien que tu es nul. Je t'avais bien dit que tu n'y arriverais pas. Ce n'est même pas la peine d'essayer.* » Elle nous les ressert à chaque fois que nous aurions besoin d'être soutenus, encouragé, anéantissant notre confiance en nous.

Pourtant, il est possible d'avoir le dessus ! La méditation et la sophrologie sont des techniques utilisées par les sportifs pour se relaxer, comprendre ce qui se passe dans leur tête et dépasser les blocages. Ces techniques aident à se vider de pensées négatives, à les remplacer par d'autres plus positives, orientées vers l'objectif à atteindre, la performance à réaliser, le bien-être à trouver.

Certaines personnes justifient les aléas et les décisions de leur vie en disant : « *C'est le hasard qui m'a amené à ce poste, à cet endroit, dans cette situation...* » Ne devraient-elles pas plutôt dire : « *J'ai laissé faire le hasard plutôt que de décider moi-même...* » Ce qui est très différent !

En fait, cela nous convient bien dans certaines situations de nous laisser porter par le courant, par les événements. Cette relative passivité nous évite de prendre des risques, nous enlève en cas d'échec une part de responsabilité. Cette attitude permet aussi de fuir les conflits avec notre entourage, parfois en désaccord avec nos choix. Nous attendons (et prions même) que les choses s'arrangent d'elles-mêmes, comme par magie. Une façon de ne pas se remettre en question ou de ne pas faire de vagues.

Mes suggestions

Pensez à vous demander « pourquoi ? » avant toute prise de décision importante.

Ne vous mentez pas. Appuyez-vous sur votre honnêteté naturelle et gardez-la comme ligne de conduite.

Donnez du sens à vos actes pour pouvoir les justifier.

Riez des arguments dépassés (et issus du passé) qu'utilise votre petite voix intérieure et qui n'ont plus de mise dans votre présent.

Félicitez-vous, récompensez-vous pour chaque petite victoire. Offrez-vous une fleur, une place de cinéma, ce que vous aimez... Posez une action positive et valorisante sur votre sentiment de joie.

Apprenez à vous relaxer, faites de la sophrologie, du yoga ou de la méditation. Allez chercher en vous, dans la paix de votre être, l'énergie d'avancer. C'est là qu'elle se trouve.

La gestion du temps

« Dans un monde où l'incertitude est généralisée, le sport est l'une des techniques qui permet de construire des individus capables de tenir la distance »
Alain Ehrenberg, sociologue français

Sachant par définition que sa carrière de haut niveau s'étendra sur une durée relativement courte, faisant peser sur l'athlète le poids de la brièveté et de l'éphémère, le sportif n'a d'autre solution que de tenter d'optimiser son effort pour gagner en efficacité. Le moyen ou le long terme s'avèrent, on le sait, encore plus incertains dans le sport qu'ailleurs.

Le tennisman espagnol Rafael Nadal y puise une part de sa combativité : *« Terriblement conscient de la brièveté d'une carrière d'athlète professionnel »*, il explique ne pas *« supporter l'idée de gâcher une opportunité qui pourrait ne plus se présenter »*[1]. Cette course contre la montre a insufflé en lui une ligne de conduite, fait naître des résolutions, des valeurs d'engagement et de respect pour le temps présent.

D'autres sportifs de haut niveau accordent une attention toute particulière au présent afin de se détacher du passé (empreint de défaites) ou de l'avenir (porteur de peur et d'angoisse). Le psychiatre et psychothérapeute français Christophe André l'exprime parfaitement : *« Le passé importe, le futur importe. La philosophie de l'instant présent, ce n'est pas dire qu'il est supérieur au passé ou au futur. Juste qu'il est plus fragile, que c'est lui qu'il faut protéger, lui qui disparaît de notre conscience dès que nous sommes bousculés, affairés. C'est à lui qu'il faut donner de l'espace pour exister. »*[2]

Nous sommes tous confrontés à la réalité de notre éphémère existence. Autrefois, j'avais vingt-cinq ans, j'étais en pleine possession de mes moyens et je pouvais m'entraîner sept heures par jour. Aujourd'hui, je ne peux plus le

1. *Rafa*, JC Lattès, 2012, p. 13.

2. *Méditer*, jour après jour, L'Iconoclaste, 2011, p. 24 et p. 26.

faire et pourtant je suis toujours en pleine possession de mes moyens et toujours aussi en forme. Ma santé et ma volonté sont intactes. Alors qu'est-ce qui a changé ? Vous me direz que je suis plus âgée, mais je vois fondamentalement d'autres raisons.

– La façon de nager aujourd'hui est plus rapide, plus tonique qu'hier.

– Les nageuses doivent faire leurs preuves plus vite et plus tôt en âge.

– J'ai la connaissance et l'expérience du haut niveau, je sais ce qu'elles impliquent, génèrent et apportent. Je ne suis plus prête à faire les concessions qu'elles imposent.

– J'en connais le prix, je préfère le mettre au service d'autres projets.

– J'ai construit une vie qui tient compte de personnes qui sont plus importantes que ma réussite personnelle.

– Je n'ai plus besoin de subir la souffrance pour savoir qui je suis vraiment.

– Ma quête n'est plus la conquête et la performance, mais la sérénité, le partage et l'équilibre.

Je crois sincèrement que je pourrais encore m'entraîner plusieurs heures par jour. Est-ce que je gagnerais ? Probablement pas, car je n'ai plus la rage de vaincre propre à la jeunesse et à la découverte de l'inconnu. Mon corps résisterait-il ? Peut-être, car mon mental reste très fort, mais en raison du vieillissement physiologique qui s'est opéré, il ne supporterait probablement pas une décennie d'efforts, ce qui représente le temps nécessaire pour construire une carrière sportive ! Qu'est-ce qui a changé ? Ce qu'il y a dans ma tête !

Champions ou pas, nous avons tous beaucoup à gagner en préservant les instants que nous vivons ici et maintenant.

Mes suggestions

Prenez conscience et acceptez l'idée que tout évolue, tout se transforme en vous et autour de vous. Rien n'est figé, car la vie est un mouvement constant et ininterrompu. Votre existence l'est également et accepter cette réalité permet d'y puiser la force de donner du sens à ce que l'on fait et de profiter pleinement de chaque instant vécu.

Le passé n'existe plus sauf dans vos souvenirs et l'on sait que le cerveau transforme, adapte les souvenirs. Le futur n'existe pas encore, il dépendra de vos choix actuels. Seul le présent importe. Vivez-le pleinement, c'est lui qui détient les clés de votre avenir.

Ne faites pas porter sur le présent le poids de ce qui s'est déroulé autrefois. Souvent, nous n'osons plus nous engager par peur de reproduire ou de revivre une situation qui s'est révélée douloureuse. En reconnaissant qu'à l'époque nous étions différents, tout comme les personnes et l'environnement, nous pouvons aborder la nouvelle situation avec l'attitude d'ouverture et d'optimisme qu'elle requiert et la vigilance d'esprit de ne pas reproduire **nos** erreurs d'hier.

La passion

Une personne passionnée est intensément vivante, pétillante, et forte face aux difficultés rencontrées. Sa passion attire plus facilement l'adhésion des autres à sa cause. Être habité de l'intérieur permet d'irradier une énergie positive vers l'extérieur.

Intime conviction

Au départ, une personne passionnée est naturellement attirée par une activité. S'ensuit un concours de circonstances : la rencontre avec une ou des personnes qui vont vous la faire aimer, vous pousser à persévérer, un environnement familial ou amical qui va vous permettre de vous y adonner. Je doute (mais cela n'engage que moi) qu'une passion puisse durer toute une vie. Je crois que la passion s'étiole lorsque la routine s'installe, sans que la personne s'en rende forcément compte. Mais elle a su cultiver un esprit passionné qui, le moment venu, saura trouver de nouveaux centres d'intérêt. Entre la fin d'une passion et l'émergence d'une autre, le laps de temps peut paraître long et déstabilisant. Comme le sportif ou l'artiste qui a touché son but, qui a déployé une énergie énorme et se sent vidé de tout quand l'objectif est atteint. Mais ce temps peut être d'un grand enseignement s'il est utilisé pour analyser le chemin parcouru, les problèmes rencontrés, les talents développés et les compétences acquises.

Quels facteurs trouve-t-on généralement chez une personne passionnée ?

- Une énergie décuplée par l'intérêt porté à l'activité ou au secteur d'activités ;
- une variété d'émotions fortes, parfois extrêmes ;
- un besoin de se mettre en mouvement et de vivre sa passion ;
- une envie de la partager avec d'autres (d'où le besoin d'interaction et la facilité de communication et de rencontres) ;
- une énergie qui permet de s'accrocher à la vie, car la passion donne du sens à celle-ci.

Mes suggestions

Allez en priorité là où vos passions vous portent, car c'est là que vous serez le meilleur.

Déployez les efforts nécessaires pour atteindre votre but. Ayez conscience que toute réussite demande quelques sacrifices, mais que la passion permet de mieux les vivre.

Soyez enthousiaste, dynamique, vous soulèverez des montagnes avec ces qualités. Elles vous aideront à convaincre les autres d'être à vos côtés.

N'écoutez que distraitement ceux qui vous disent que c'est impossible, que vous ne réussirez jamais. Il peut arriver qu'ils aient raison, mais rien n'est certain et il est préférable d'oser l'aventure plutôt que de regretter toute sa vie de ne pas avoir tenté sa chance. Et vous aurez appris beaucoup plus de choses en essayant qu'en ne bougeant pas. Observez ces mêmes personnes et vous découvrirez qu'elles passent beaucoup de temps à se lamenter sur leur sort et sur le fait que rien n'arrive dans leur vie. C'est vrai ! Rien ne peut leur arriver tant qu'elles ne se sont pas mises en action.

LA NOBLESSE DE L'EFFORT

La gestion du stress

Le stress est une réaction du psychisme et de l'organisme à une situation nouvelle, qu'elle soit agréable ou non. Cette réaction dépend souvent des pensées que l'on nourrit, des perceptions que l'on éprouve et des interprétations que l'on retire des événements. Elles conduisent à différentes formes de peur qui génèrent du stress.

Toutefois, il ne faut pas occulter le fait qu'il existe un stress positif et bénéfique. C'est généralement celui éprouvé par les sportifs au moment des grandes échéances. L'adrénaline se diffuse dans tout le corps et génère une excitation, un sentiment de jouissance et de puissance qui décuple l'acuité et les capacités mentales et physiques. Nombreux sont ceux qui y deviennent « accros ». Laure Manaudou l'a très bien exprimé dans son interview (voir page 11). Une des grandes difficultés de la retraite sportive réside dans la peur de ne plus éprouver cette sensation. Cette peur engendre la croyance que, sans elle, la vie nous paraîtra bien fade.

Intime conviction

Vous ne verrez pas un champion de haut niveau aller aux toilettes juste avant d'entrer en piste. Le stress génère l'envie d'uriner et ce liquide contient toutes les vertus des sécrétions hormonales (adrénaline et cortisol) qui décuplent la combativité et permettent de conserver un taux d'énergie optimal. Le champion maintient dans son corps tous ces bienfaits naturels et ne se soulage qu'une fois l'épreuve terminée.

Pour gérer son stress, le sportif mise sur plusieurs axes.

– Sa préparation se fait dans un environnement propice à son épanouissement, à son développement (lieux adaptés, entourage bienveillant, conditions de travail plus que satisfaisantes, etc.). C'est principalement à l'approche de l'événement que le sportif ressent une montée de stress qui, certes, peut l'amener à perdre ses moyens, mais aussi décuple son énergie et sa concentration. Il fait du stress un allié de sa performance.

– Le fait de pratiquer une activité physique régulière l'aide grandement à évacuer le mauvais stress souvent lié aux tracas du quotidien (amour, école, gestion des enfants, etc.).

– La pratique sportive demande une grande concentration. Elle permet de focaliser l'esprit sur autre chose que les préoccupations qui nourrissent le stress. C'est l'effet « esprit vidé ».

– La qualité de sa préparation et la maîtrise de ses gestes l'aident grandement à ne pas trop se laisser submerger par le stress, d'ailleurs, dès le coup de sifflet du départ donné, la peur et l'angoisse disparaissent instantanément. Elles font place à l'habitude des gestes répétés, lesquels, ce jour-là, sont transcendés par l'enjeu de l'épreuve. Le sportif sait pouvoir compter sur sa technique le moment venu, elle est son point d'ancrage.

Mes suggestions

– Pour éviter un stress durable et négatif, vous pouvez le prévenir en **amont :**

Par une bonne préparation de vos dossiers, une maîtrise de vos sujets, de vos gestes techniques et même de vos pensées afin d'évacuer l'énergie négative qu'elles peuvent véhiculer. Ce travail permet d'acquérir des automatismes sur lesquels vous pourrez compter lors de perte de repères ou de moyens.

En acceptant de ne pas tout maîtriser. Faites aussi confiance aux autres, à votre équipe, donnez-leur une chance de vous surprendre.

– Vous pouvez aussi le travailler **au quotidien :**

Dans la prise de conscience et l'acceptation que vous êtes stressé : d'une part, apprenez à sentir arriver les moments de stress sans faire l'autruche. Vous pourrez vous y préparer par une focalisation de toutes vos capacités physiques et →

→
mentales. D'autre part, acceptez qu'il y ait des moments de panique ou « charrette », mais refusez qu'ils s'inscrivent de façon permanente dans votre quotidien.

En évitant d'accumuler sur vos épaules le stress et les problèmes des autres.

En trouvant un équilibre entre la gestion de l'objectif à atteindre, le temps nécessaire à sa réalisation et le temps dont vous disposez.

– Lorsque la période de tension est **passée :**

Pouvoir se dire que l'on a fait de son mieux, si tel est réellement le cas, permet de relativiser le but atteint, et de mettre de la distance entre soi et le résultat, donc entre soi et le stress.

S'accorder un temps de récupération aide à recharger les batteries.

Et surtout, surtout, il faut se réserver un temps d'activité physique (voire sportive) régulière. Le sport reste un fantastique exutoire à l'énergie négative (voir le chapitre 3).

N'oubliez pas que le stress est essentiellement psychologique. Le corps le révèle, le subit, s'y adapte, mais ne le provoque pas.

La quête de l'excellence

« *Nous devenons ce que nous faisons continuellement. L'excellence n'est pas un exploit, c'est une habitude* »
Ric Charlesworth, joueur puis entraîneur australien de cricket et de hockey sur gazon

De mon point de vue, l'excellence est un état d'esprit. C'est comprendre que l'on ne peut pas trouver plus grand adversaire que soi-même. C'est toujours contre soi que l'on se bat, contre ses peurs, ses doutes, ses faiblesses. L'adversaire n'est que le révélateur de nos potentiels et de nos limites. Il incarne le but à atteindre et dessine le chemin à parcourir. Sans lui qui nous inciterait à l'action ? Qui nous obligerait à faire l'effort de nous remettre en question et à aller de l'avant ? Qui nous permettrait de découvrir nos forces et nos faiblesses ? Nous pouvons cerner objectivement contre qui mener le combat : contre nous-mêmes ! S'il s'agit de surmonter nos peurs, dépasser nos limites, brusquer notre paresse ou notre tentation à la passivité. Dans ce contexte, l'adversaire s'inscrit tel un repère et, à ce titre, doit être respecté.

L'athlète atteint l'excellence lorsqu'il trouve en lui la force de ne pas se satisfaire de ce qu'il fait, de ce qu'il produit. Lorsqu'il désire toujours aller plus loin.

Cet état d'esprit qui pousse à viser l'excellence demande du temps pour devenir naturel. Ce laps de temps est mis à contribution par le cerveau pour créer des connexions synaptiques (c'est-à-dire, la connexion de deux neurones entre eux), qui sont à l'origine de nos talents (voir le chapitre 3). Cette façon de penser n'implique pas de grands efforts particuliers car, au quotidien, elle se résume à juste faire un peu mieux que la veille. C'est la durée qui lui permettra de prendre racine dans notre personnalité.

Je crois que ce qui fait la différence entre un champion et un athlète de niveau honorable réside dans cette volonté de chercher la performance chaque jour, et de refuser d'être seulement « bon ». Même à un petit niveau sportif, ce mécanisme peut être constaté. La quête de l'excellence est donc utile, car elle reste ensuite ancrée en nous pour le reste de la vie. Ma carrière sportive n'a duré que douze ans, mais tous les acquis que j'ai développés ne se sont pas envolés avec la reconversion. Ils ont contribué à asseoir mes succès professionnels et humanitaires et me sont constamment utiles, dans tous les domaines de la vie quotidienne. La plus-value d'une carrière sportive va donc bien au-delà des bénéfices dus à sa simple pratique.

Mes suggestions

Demandez-vous en vous couchant le soir s'il est un domaine dans votre journée où vous auriez pu faire juste un peu mieux ou un peu plus.

Retenez le contexte ou l'image qui vous vient à l'esprit et fixez-vous comme défi de le faire le lendemain. Pas un objectif hors de portée, juste une progression modérée qui ne changera rien à votre quotidien : un peu plus de concentration sur un dossier, un peu plus de rigueur dans vos horaires, un peu plus de temps productif avec vos enfants (être avec eux, en pensée et physiquement. Souvent notre corps est présent mais nos pensées sont dirigées vers le travail ou d'autres urgences à régler). Ce peut être aussi un peu plus d'honnêteté, d'humour, dans vos relations.

Commencez par ce qui vous semblera le plus facile (vie privée, travail, loisirs, etc.) et tenez-vous en à ce domaine d'expérimentation. Lorsque vous vous sentirez à l'aise, élargissez cette recherche en ajoutant un autre domaine, puis plus tard encore un autre. Vous verrez qu'il est facile de chercher à être excellent partout, cela finit par devenir naturel.

Regardez ce qui se passe en vous et autour de vous. Notez les transformations sans vous attendre à des révélations extraordinaires. Les grands changements résident souvent dans les petites choses du quotidien. Restez simplement attentif et, les jours où vous vous sentez à l'aise, faites juste un peu plus ou un peu mieux sans revenir en arrière le lendemain.

Et si parfois en raison d'imprévus, de moral qui flanche, de sentiments irritables, vous craquez et envoyez tout balader, acceptez-le. Après tout, nous ne sommes pas des machines. Simplement, revenez à cette quête, cet objectif, le lendemain.

L'exemplarité et l'éthique

« N'oublions pas que les enfants suivent les exemples, mieux qu'ils n'écoutent les conseils »
Roy Lemon Smith, historien américain

L'exemplarité

Selon moi, l'exemplarité n'implique pas seulement de montrer l'exemple, mais surtout **d'ÊTRE** l'exemple. D'être soi-même ! D'oser vivre en conformité avec ce que nous sommes vraiment, avec nos valeurs, avec ce qui nous habite profondément. Si notre valeur principale est l'argent par exemple, alors qu'il en soit ainsi dans les faits et les paroles. L'argent n'est pas honteux, le mensonge l'est !

Intime conviction

Je fais une différence entre valeurs et principes, même si tous deux sont de l'ordre de la pensée. De mon point de vue, une valeur est une pensée ouverte, qui tient compte de l'environnement, de l'expérience acquise. Elle évolue, s'adapte et se fortifie avec le temps. Un principe est une pensée figée dans ses certitudes et souvent transmise par l'éducation.

Essayez de poser une valeur dans votre main ! Vous constaterez que c'est impossible. Une valeur n'a pas d'existence physique, et pourtant elle est bien réelle. Elle ne prend forme et se matérialise qu'à travers nos actions et nos paroles. D'où l'importance de vivre selon nos convictions profondes, selon nos pensées ! Alors nos actions témoignent de ce que nous sommes vraiment, et la vie prend à nos yeux tout son sens.

Il est beaucoup plus facile de faire comprendre à un enfant ce que l'on attend de lui si notre comportement est en conformité avec nos propos, que si nous lui rabâchons cinq fois par jour des valeurs que nous bafouons par nos agissements.

Il n'y a pas de bonnes ou de mauvaises valeurs. Elles ont toutes leur raison d'être à partir du moment où elles ont du sens pour vous.

Thierry Gaudin, ingénieur et docteur en sciences de l'information et de la communication, fondateur de l'association Prospective 2100[1], a prédit dans les années 1990 de profonds changements de valeurs pour ce XXIe siècle : *« Si les valeurs du XXe siècle ont été la dominance[2], la conquête et la performance, celles du XXIe siècle seront* ***l'empathie*** *(capacité à ressentir ce que l'autre éprouve),* ***la résilience*** *(aptitude à transformer nos souffrances en forces) et* ***l'individuation*** *(capacité à travailler en groupe tout en se structurant et en faisant valoir ses spécificités). »*

L'éthique

Il est assez drôle de voir que les mêmes entités et personnes qui nous ont conduits à la crise profonde que nous traversons depuis 2008 sont celles même qui affichent sur leurs devantures ou dans leurs propos des slogans publicitaires vantant les mérites de l'éthique et des valeurs universelles et humanistes.

Avoir une éthique et s'y tenir renforce l'image que l'on a de soi et donc la confiance en soi. On attire à soi les personnes qui nous ressemblent. En nous éloignant de ceux qui n'ont pas notre éthique et nous incitent à faire des choses dont nous ne sommes pas fiers, nous nous rapprocherons naturellement de ceux qui nous correspondent mieux. La période de transition peut être déstabilisante, car elle implique des remises en question, elle suppose de regarder certaines personnes s'éloigner et d'accueillir de nouveaux visages.

Il arrive que la souffrance que nous éprouvons se manifeste lorsque nos actes ne sont pas en conformité avec nos valeurs. Ce décalage nous oblige à jouer un jeu, à revêtir un masque social, à nous nier et à nous mentir.

Il est bon d'être soi-même, de ne plus avoir peur du regard des autres sur soi !

---

1. Son objet est de promouvoir la prospective auprès des décideurs.
2. Besoin de dominer dans son ensemble.

Mes suggestions

Demandez-vous quelles sont les valeurs qui vous semblent prioritaires.

Viennent-elles de votre éducation ou vous semblent-elles ancrées depuis toujours au cœur de votre personnalité ?

Votre travail est-il en phase ou en opposition avec vos valeurs ?

Lorsque vous les bafouez, en avez-vous conscience ?

Quel sentiment cela vous procure-t-il ? *L'éventuel sentiment de culpabilité qui en résulte n'est pas propice à la confiance en soi. Il est important d'en avoir conscience !*

Vos valeurs ont-elles évolué avec le temps ?

Et votre comportement, a-t-il évolué en conséquence ?

Et votre emploi ? Votre environnement professionnel ?

Lorsqu'une valeur est primordiale pour vous, exigez-vous la réciprocité ? (par exemple, vous tenez toujours vos engagements et pour vous la parole est sacrée. L'imposez-vous à vos interlocuteurs ?)

Que faites-vous lorsque ce n'est pas le cas ?

La reconversion

« Je suis le maître de mon destin,
je suis le capitaine de mon âme »[1]
William Ernest Henley, poète britannique

Qu'est-ce qu'une reconversion, sinon l'acceptation de ne plus être ce que l'on a été ? C'est, d'une certaine façon, mourir à une activité pour renaître à travers une autre.

Le sportif sait que sa carrière ne sera pas longue (elle peut même être très courte en cas de blessure). Tôt ou tard, il sera confronté à l'expérience fatidique de tourner une page de sa vie pour en ouvrir une autre. Sa fonction est un concentré de vie qui pourrait se résumer en ces quelques étapes.

1. Extrait du poème *Invictus* (1875).

– De huit à quinze ans : période de l'apprentissage.

– De quinze à vingt-huit ans environ : période de la réalisation et, si tout va bien, de la consécration.

– S'accompagne ou s'ensuit (souvent) une période de transmission aux plus jeunes.

– Entre vingt et trente-cinq ans : la reconversion. Très tôt pour certains sports comme la gymnastique, où percer très jeune est primordial ; beaucoup plus tard pour les sports d'équipe.

Aussi douloureuse que soit la reconversion, elle procure à l'athlète, lorsqu'elle est bien assumée, la capacité de rebondir, de vivre plusieurs vies et des aventures qui peuvent être très diverses. Ce n'est pas pour autant que la majorité des sportifs la prépare bien ou la vit harmonieusement.

Intime conviction

J'avais vingt-cinq ans lorsque j'ai décidé de mettre un terme à ma carrière sportive. M'orientant vers la création de spectacles aquatiques professionnels, j'ai décidé de prendre des cours de danse chez Max Bozzoni, le professeur de Patrick Dupond à l'Opéra de Paris. Après m'avoir auditionnée, Max a accepté de m'accueillir dans l'une de ses classes. Le jour du premier cours, je suis arrivée tôt pour m'échauffer avant de rencontrer les autres élèves. Lorsque la porte s'est ouverte, j'ai regardé, sidérée, entrer une vingtaine d'enfants, tous âgés de dix à douze ans. Mon regard a croisé celui de Max et rapidement j'ai compris la leçon qu'il voulait me donner : quoi que je fasse, où que j'aille, je serai dorénavant confrontée à des personnes soit plus jeunes, soit plus expérimentées et talentueuses que moi. J'ai eu quelques secondes pour choisir entre retourner dans mon bassin, là où personne ne viendrait discuter ma suprématie, et ravaler mon orgueil et me focaliser sur les raisons de ma présence dans cette salle. Six mois plus tard, j'ouvrais *Sirella* et dansais au milieu de professionnels sans paraître ridicule. Face aux difficultés, il ne faut jamais perdre de vue le but que l'on se fixe !

L'enjeu d'une belle reconversion est de tirer parti de l'environnement pour accompagner notre obligatoire évolution. Accepter le fait que nous ne pouvons plus être ce que nous avons été, ne plus penser comme nous pensions, ne plus agir comme nous agissions. Puis s'ouvrir aux opportunités qui se présentent, même celles qui sont inattendues. Et, pour finir, savoir saisir celle qui suscite notre motivation. La reconversion de Jean-François Lamour (page 94) en est un bel exemple.

Mes suggestions

Préparez en amont votre reconversion ou votre retraite. N'attendez pas qu'elle s'impose à vous.

Utilisez votre ressenti et votre intuition pour déterminer les choix à faire, les directions à prendre. Ne vous interdisez aucune possibilité, dès lors qu'elles sont en harmonie avec vos valeurs. Avancez l'esprit ouvert et les sens en éveil. La vie vous fixera des rendez-vous ; à charge pour vous de ne pas les manquer.

Ne quittez pas votre univers professionnel, associatif, etc., sans avoir transmis aux jeunes générations votre expérience, vos recettes personnelles. C'est le meilleur moyen d'éprouver un sentiment d'accomplissement, de réalisation qui aide à partir serein.

CHAPITRE 2

AMITIÉS, RIVALITÉ, AMBIGUÏTÉ

> « *En compétition, il y a toujours un premier et un dernier, mais l'important est de ne pas être le second de soi-même* »
> Luis Fernandez, footballeur international français

Si le sport attise les passions, électrise les foules ou suscite des interprétations toujours contrastées, s'il fait tournoyer autour de lui une variété de tons qui oscillent du lyrique au critique, c'est aussi parce qu'il offre un résumé cinglant de l'existence et de ce qu'est notre société, dans ce qu'elle concentre d'égoïsme et d'universalité, de beau et de laid, de souffrance et de joie.

Que le sportif s'inscrive dans un registre individuel ou collectif, il trouve dans sa discipline toutes les vertus et tous les obstacle, de ce qu'il devra affronter dans son quotidien, ou dans ses futurs projets professionnels. À lui de savoir s'en accommoder, à lui de savoir les surmonter. À lui d'en tirer le meilleur pour vivre heureux et réussir dans sa discipline.

S'il est souvent porteur de valeurs humanistes et s'accompagne de la nécessité de dépassement de soi – et des autres –, le sport n'est et ne sera jamais un univers de Bisounours comme certains voudraient le laisser penser.

Même dans la catégorie des pratiquants amateurs, les mauvais coups sont légion, la traîtrise est une réalité, les tricheries sont le lot des matchs et des épreuves. Il ne s'agit pas ici de généraliser ou d'apporter de l'eau au moulin des antisports qui voudraient railler les vertus prônées par le baron Pierre de Coubertin, mais seulement de constater que dans une société imparfaite le sport l'est également. Pourquoi faudrait-il que se dressent à l'entrée des stades d'invisibles frontières de protection qui transformeraient la compétition en un concept pur, à l'écart du contexte social ?

Cependant, une chose est sûre : même pollué par les imperfections, le sport reste pour celui ou celle qui le pratique un terrain grandeur nature de la difficulté de la vie, avec, au passage, le plaisir de la pratique et celui de se réaliser. Bref, il est possible d'apprendre en s'amusant. Apprendre à quel point la vie est dure, mais aussi que l'on trouve l'épanouissement dans le combat pour progresser. C'est un plaisir certes subtil, ambigu, une terre de contrastes absolus.

Il est possible d'apprendre dans l'effort et dans la sueur. Apprendre que rien ne s'obtient sans la nécessité de s'accrocher. On peut donc considérer que, pour avoir testé l'exercice de la compétition, du plus petit niveau départemental aux Jeux olympiques, le sport permet à l'individu de se confronter au groupe, à la société, à ses propres limites mentales et physiques. Lorsqu'il les dépasse, même un peu, cette progression offre aux sportifs des apprentissages en « bonus », supérieurs à ceux qui n'auront jamais vécu le combat de la confrontation à soi-même, à l'adversaire, au contexte hostile.

Le sportif serait-il alors plus fort ? Mieux armé pour se confronter à la vie dans son ensemble ? Je le pense sincèrement. Les pages qui suivent tentent de dresser un parallèle entre ses valeurs, ses vertus – ses vices aussi – et les ressorts individuels du citoyen, son épanouissement personnel et ses projets professionnels.

Fût-il imparfait, le terrain du sport reste un formidable, et inégalé, terrain d'apprentissage.

« IL FAUT DONNER POUR RECEVOIR »

Une interview de Christian Califano

Figure emblématique du rugby, Christian Califano a transposé les règles du combat collectif autour des mêlées jusque dans l'univers professionnel de sa reconversion, dans l'entreprise de gestion des déchets qu'il a créée avec deux amis. D'un terrain à l'autre, ses convictions sur les bienfaits du partage n'ont pas changé.

– Christian Califano, à présent que la page du rugby est tournée, quelle est votre activité aujourd'hui ?

J'ai créé avec des associés une entreprise, Ovalie Recyclage, à Toulouse, en 2004. Elle est spécialisée dans la gestion des déchets. Nous étions plusieurs associés, issus de l'univers du rugby, avec dès le départ une ambition commune : y reproduire l'esprit de club vécu dans l'univers du ballon ovale. Pour être franc, nous avons lancé notre projet, mais les choses ne se sont pas faites naturellement au départ. Il a fallu miser sur le temps pour acquérir la confiance des salariés. Déléguer n'est jamais facile, et la confiance, ce n'est pas quelque chose qu'on décrète ou qu'on décide d'instaurer en deux mois. Il faut du temps. Dans notre cas, deux années ont été nécessaires pour qu'elle puisse s'installer profondément. Nous y sommes allés à dose homéopathique, pas brutalement. D'ailleurs, la méthode n'a pas forcément été acceptée par tous, ce que je peux comprendre. Ceux qui n'adhéraient pas sont partis !

– Comment votre démarche a-t-elle été accueillie ?

Notre méthode a pu déstabiliser certains en ce sens qu'elle modifiait les habitudes, ou l'idée qu'on se fait des rapports au sein d'une hiérarchie. Du simple employé jusqu'à la première marche de la pyramide, on s'appelle par nos prénoms. On communique de manière directe, *via* nos téléphones portables, en faisant fi des barrières traditionnelles. Avec simplicité. Notre idée était de responsabiliser chacun avec son travail pour qu'il trouve sa place dans l'univers de l'entreprise, et ainsi qu'il donne le meilleur de lui-même.

« Quand j'étais international, même au top de ma carrière, il m'arrivait de porter le sac du kiné… »

– Quelles valeurs avez-vous transposées du rugby à votre entreprise ?

L'esprit d'équipe ! Si le dire est une chose, ce qui importe c'est d'agir, dans les faits, avec transparence et franchise. Si un souci se présente, si un problème surgit, il faut qu'on le règle. Vite. Avec franchise. Ensuite, on s'est fixé tous ensemble un objectif commun : faire monter tout le monde dans le même bateau, comme dans une équipe de rugby. On était une petite entreprise, il fallait essayer d'être d'abord les meilleurs dans la région de Toulouse, avec une progression maîtrisée, sans viser tout de suite les objectifs les plus ambitieux. Aujourd'hui, nous sommes parvenus à bousculer les plus grands de nos concurrents, en élargissant le cercle géographique de nos ambitions. Nos progrès ont été accomplis d'abord sur la base de notre fraternité. Notre métier est ingrat, les conditions sont difficiles, c'est un peu comme le dimanche quand vous vous trouvez dans la boue, sur le terrain… Si on est seul, on n'y arrive pas. Mais si les copains sont là pour vous pousser dans la mêlée, tout redevient possible.

– Communication donc, et solidarité…

C'est capital. C'est comme dans une saison sportive. On ne peut pas rester sur le même niveau de performance pendant onze ou douze mois. On peut flancher, et ça arrive. Dans ces moments-là, oui, la solidarité est essentielle. Les dirigeants transmettent les valeurs. Après, c'est au personnel de les mettre en pratique, quitte à développer les rapports de solidarité au sein de l'entreprise pour les muer en des relations d'amitié qui dépassent le décor de l'entreprise. Ce vécu à l'extérieur cimente les individus, il leur donne envie de se voir pendant les week-ends, puis de s'entraider sur les petites tâches du quotidien. Il n'y a pas de laissés-pour-compte, on limite les barrières. Tout le monde peut donner son avis sur le fonctionnement, comme dans une équipe de rugby : pas de titulaire, pas de remplaçant. Chacun peut apporter un argument pertinent. Et, surtout, cette communication directe, sans intermédiaire, offre un atout décisif : c'est un gain de temps ! Que d'énergie gaspillée dans les e-mails pour demander un rendez-vous à la secrétaire, puis attendre que l'idée remonte... Là, elle est exprimée, elle est lancée. La proposition est dans la place, à nous de l'utiliser au mieux.

– **Pendant votre carrière, avez-vous été confronté à la question des remplaçants qui « pourrissent » le climat de l'équipe, du jeu ?**

Cela arrive, même si j'ai eu la chance, je crois, de ne jamais être confronté à cette situation. Je dois être un contre-exemple... *(sourire)*. C'est normal, c'est lié à l'esprit de compétition. C'est légitime de penser qu'on doit jouer et qu'on est meilleur que le voisin. Quand j'étais international, même au top de ma carrière, il m'arrivait de porter le sac du kiné... Si on laisse quelqu'un dans la marge, les difficultés peuvent venir. Son aigreur risque d'être toxique. Je n'ai jamais supporté le mot remplaçant. Si on est trente, on est trente. Les titulaires ne sont pas au-dessus des autres.

– **Comment avez-vous préparé votre reconversion ?**

J'ai arrêté la compétition à trente-six ans. Au Stade Toulousain, nous étions plusieurs à y réfléchir, ce qui m'a sans doute facilité la tâche. Une carrière, c'est court : dix ans, quinze ans tout au plus. Il faut réfléchir à l'après sans tarder, car la blessure menace toujours. Je pense même avoir commis l'erreur de me lancer un peu tard dans cette réflexion, mais par bonheur je n'ai pas souffert d'une retraite anticipée pour

Interview

blessure. Par conséquent, j'ai pu anticiper et terminer ma carrière tout en lançant une autre.

– Comment avez-vous vécu la fin de votre histoire de sportif de haut niveau ?

Difficilement. Quelque part, le rythme de la journée du sportif concentrée autour de l'entraînement le matin a quelque chose de rassurant. La transition n'est jamais facile. Certains ont vécu la dépression. Quitter un cocon, c'est dur. La perte de repères est là lorsque les portes du stade se referment. Ma chance a été de recevoir rapidement une belle proposition : consultant pour le rugby pour le quotidien *L'Équipe*. Un pied dedans, un pied dehors. C'était un bon enchaînement.

– On vous propose de nombreux projets professionnels aujourd'hui. Quel argument prime dans votre choix pour vous engager ?

Le coup de cœur. C'est important pour moi d'aller là où je me sens des affinités. Après, je regarde si les valeurs du projet sont en accord avec les miennes.

« Nous n'avions plus d'autre choix que vendre l'entreprise ou se serrer les coudes et s'en sortir ensemble »

– Avez-vous déjà connu l'état de grâce dans le rugby ?

Ce sentiment d'être intouchable… Oui ! Nous avons eu cette chance dans les années 1990-2000, avec quatre titres de champion de France d'affilée. C'est un sentiment délicieux : le jeu semble fluide, le rugby apparaît d'un coup facile. Mais rien n'est jamais acquis définitivement. Le Stade Français me l'a appris à mes dépens. La confiance excessive s'est vite transformée en doute lorsque nous avons trouvé plus fort sur notre route. Pour rebondir après une telle traversée du désert, il faut se remettre en question en profondeur. Comment rebondir ? Est-on capable de faire les bons choix ?

Revoir ses objectifs à la baisse ? Colmater les fissures ? Mais quand on y parvient, quand on surmonte ses difficultés pour corriger le tir, la satisfaction est là, aussi. Il faut alors savoir puiser dans son vécu, dans son petit « sac à expériences » *(sourire)* pour en extraire les leçons.

– La confiance vous habitait dès le départ ?

Non, bien au contraire. Il a fallu travailler, multiplier les sacrifices. Il faut passer de l'ambition à l'action. Lorsqu'on y parvient, c'est beaucoup de joie, de plaisir en retour. La vie sportive fonctionne par cycles. Avec du négatif, qu'il faut surmonter pour progresser. Rien ne coule jamais tout seul. Dans une entreprise, c'est pareil. Il faut gérer les crises. Nous l'avons vécu à un moment : nous n'avions plus d'autre choix que vendre l'entreprise ou se serrer les coudes et s'en sortir ensemble. On a retroussé nos manches. On s'est réuni autour d'une table, on a joué franc jeu. Et c'est reparti. Dire ensemble : on veut s'en sortir, dans un même élan, ça soude, c'est indéniable. Et ça nous a servi par la suite. Avoir gagné cette partie ensemble a même initié un sentiment de fierté collective.

– Sur le plan du management, comment intégrez-vous le personnel à la bonne marche de l'entreprise ?

On a réfléchi à l'idée de prévoir une part d'actionnariat. Mais, surtout, on est attentif à faire évoluer les salariés dans leur parcours, avec un plan de carrière qui passe par des formations. Quand on tient ce discours en tant que dirigeant, les actes doivent suivre les paroles. Sinon, ça revient à de la poudre aux yeux... Alors, pour ceux qui adhèrent à l'esprit de l'entreprise, on est avec eux pour les récompenser. Comme dans une équipe de rugby, j'y reviens toujours.

« J'ai un gros défaut, sans doute : je ne sais pas manipuler »

– Comment gérez-vous les tempéraments forts ?

C'est difficile, mais enrichissant. Dans le rugby, ce sont souvent les grandes gueules… Je crois qu'il faut passer du temps, les écouter, gérer, quitte même, s'il le faut et quand ça se justifie, à lâcher du lest. Après, il est plus facile de leur rappeler qu'on a cédé quelque temps plus tôt et que c'est à leur tour de rendre la pareille. Il faut être pédagogue. Ce qui compte, c'est de créer de l'échange à l'arrivée. Mais je préfère encore ce type de profil aux individus qu'il faut aller chercher. La franchise a plein de vertus.

– Comment bien intégrer de nouvelles recrues dans une équipe de rugby comme dans une entreprise ?

Rentrer dans un vestiaire, ce n'est jamais évident. Heureusement, il y a la troisième mi-temps en rugby *(sourire)*… Au Stade Toulousain, tout était fait pour les intégrer. L'état d'esprit était là. Dans l'entreprise, au bout d'une semaine d'observation, un barbecue est idéal ! La dimension familiale, la proximité des rapports sont des atouts. Il y a évidemment un protocole, un cadre à définir, pour que le respect de la hiérarchie, le respect des collègues, soit bien en place. Il faut donner pour recevoir. Avec simplicité, sincérité. On a tous besoin d'attentions, de petits gestes au quotidien.

– Quand vous fixiez un objectif à long terme, comment gériez-vous la durée ?

On fixe des étapes dans le temps. Et on avance, point par point. Par exemple, avec notre entreprise, nous nous sommes positionnés sur un très gros marché en 2011. Nous avions trois ans devant nous pour nous hisser à la hauteur de l'objectif. C'est très court ! Où était notre plus-value ? Pouvait-on suivre ? Quand nous avons vu que nous étions capables de titiller les plus gros, ça nous a tous « boostés ». Nous sommes passés d'un statut de club fédéral au Top XIV, pour reprendre une image de rugby. Comme une équipe du Zimbabwe qui irait provoquer les All Blacks.

– Quel sens donnez-vous à votre vie ?

Difficile question… Si on choisit de prendre des risques avec sa vie, on a ce qu'on mérite. Je m'appuie souvent sur une citation de Nelson Mandela[1] : *« Je suis le capitaine de mon âme, je suis le maître de mon destin. »* Elle m'accompagne dans chacune de mes décisions. J'essaie de garder de la cohérence dans mes actes. Sinon, on risque de voir son parcours exploser en plein vol. J'ai un gros défaut, sans doute : je ne sais pas manipuler. Mais je me sais vrai, avec mes valeurs. Après tout, elles me vont bien !

1. Elle-même empruntée au poème *Invictus* de William Ernest Henley (voir *supra*).

SPORT INDIVIDUEL ET SPORT COLLECTIF, UNITÉ DE VALEURS

Le récit de Christian Califano confirme, s'il en était besoin, le parallèle entre les univers. Il n'y a pas, d'un côté, les terrains de sport théâtres réservés aux champions irréprochables, et, de l'autre, la « vraie » vie dans laquelle ces derniers entament, après leur retraite, une existence nouvelle. Il y a d'abord des individus qui restent, fondamentalement identiques dans leur personnalité. Il y a enfin des valeurs qui s'expriment tout autant dans la sueur de l'effort sportif, que dans la compétition de la concurrence économique. L'univers des entreprises sait parfois optimiser les talents individuels et les vertus collectives pour atteindre ces objectifs, rappelle le rugbyman. Mais pas toujours. Car la vie économique est à l'image du sport : injuste, rude. Le salarié en quête de promotion interne ou le chef d'entreprise qui se débat dans le marécage des marchés à décrocher sait qu'il importe, toujours, d'appréhender la difficulté des obstacles pour mieux les surmonter. Les pages qui suivent proposent un regard sur les facettes, positives et négatives, de la pratique sportive, aussi imparfaite que la vie de tous les jours.

Il existe un certain nombre de vertus, soulignées par ailleurs dans cet ouvrage, qui s'avèrent communes aux sports individuels et collectifs. Que l'on soit handballeur ou patineur, footballeur ou coureur de haies, volleyeur ou tennisman, les pratiques du sport et de la compétition s'accompagnent de sensations voisines. On touche du doigt assez rapidement :

- la résistance de la matière (les conditions atmosphériques perturbent la performance, le matériel peut lâcher, des événements imprévus risquent de surgir, etc.) ;
- la perception de ses propres limites, physiques notamment, techniques également ;
- la nécessité de les travailler lors de longues séances d'entraînement pour progresser.

Et si chacune de ces voies se traduit par le besoin de confronter sa valeur à celle du rival, force est de constater que les disciplines révèlent vite certaines différences.

Il ne s'agit pas ici de prétendre que les pratiquants de discipline individuelle, quelle qu'elle soit, présentent davantage de courage, ou prennent plus de risques que leurs homologues des disciplines collectives, seulement de constater que la réussite ou l'échec qui sanctionnera assez vite un parcours en compétition sera, par la force des choses, amplifié.

Logique : une victoire dans une équipe de quinze joueurs (le rugby) aura pour l'individu une signification différente de celle d'un marathonien parti seul franchir la ligne des 42,195 km de l'épreuve. Dans le premier cas, la performance aura été collective, une forme d'addition de performances individuelles coupant et recoupant les prestations de l'ensemble des joueurs, à des degrés divers. Dans le second cas, le marathonien n'aura pu compter que sur lui et lui seul, tout au long des mois de préparation, et le jour de l'épreuve, pour prendre le dessus sur l'envie d'abandonner, le souffle court, l'acide lactique qui envahit les jambes après 30 km, ou d'autres aléas (ampoules, déshydratation, etc.).

Intime conviction

La performance individuelle serait-elle, pour autant, plus méritoire ? Pas si simple : les disciplines collectives font souvent appel à des vertus différentes, parfois supplémentaires, où l'individu doit, avant de dominer ses rivaux, prendre le dessus sur ses propres coéquipiers, pour gagner sa place à l'entraînement, pour prouver qu'il est le meilleur au poste qu'il convoite.

On touche ici à une composante essentielle de la pratique d'un sport collectif à mettre en parallèle avec la vie de tous les jours.

– La socialisation de l'individu dans un environnement personnel, familial, amical ou, évidemment, professionnel :

comme dans un vestiaire, il lui faut trouver sa place, imposer sa personnalité, avec ses caractéristiques, ses exigences, ses qualités, ses défauts aussi.

– Le membre d'une équipe (footballeur, handballeur, rugbyman) n'est qu'un élément de la partition collective dont il dépend. La victoire de son équipe – ou la défaite – sera donc autant la sienne que celle de ses partenaires, ou du moins la responsabilité sera-t-elle plus « diluée ».

– Outre la nécessaire préparation physique, mentale – comparables – imposée par la pratique du sport, le footballeur (pour utiliser l'exemple du plus populaire des sports) doit apprendre à s'imposer dans un groupe.

– Le climat d'un vestiaire peut ressembler en de nombreux points à une situation sociale où le joueur devra s'imposer pour convaincre l'entraîneur que son profil est le plus profitable à l'équipe. Bref, qu'il est, au poste convoité, le meilleur.

Comment ? Par un engagement physique plus important et/ou une qualité technique supérieure. Par une meilleure assiduité peut-être aux entraînements. Par un meilleur respect de la diététique dans sa vie privée, un meilleur respect des temps de sommeil qui préservent des blessures et permettent de gagner en efficacité le jour J.

Se pose donc la question de la place de l'individu dans le groupe, qui se dessine souvent dès le vestiaire.

– Les rapports de force permettront de déterminer les leaders, qui manifesteront d'abord des aptitudes dans le jeu, un atout décisif pour forcer le respect de ses adversaires.

– Les bons joueurs sur le terrain sont rarement contestés dans les vestiaires. Le tempérament de l'individu, son aptitude à peser sur la couleur du jeu de son équipe – défensive, offensive, son rendement individuel –, à imposer son physique à ses rivaux, seront de nature à lui permettre de gagner des points dans l'estime de ses partenaires.

Autant de particularités « sociales » dans le comportement sportif, à rapprocher avec celui du salarié en entreprise, soumis à des rapports de force parfois similaires, dans ses relations avec ses collègues, ses supérieurs, ses clients, etc.

Certains thèmes abordés dans ce chapitre ne sont pas accompagnés de suggestions. Les réflexions tirées de mes expériences ou de mes observations m'ont amenée à faire des constats que je vous livre en l'état. Ils n'impliquent pas de commentaires pouvant être généralisés. Je vous laisse le soin de trouver les ponts entre ces observations et votre propre expérience.

Trouver sa place au sein d'une équipe hostile à votre présence

J'ai découvert la natation synchronisée à l'âge de douze ans. Deux ans plus tard, j'obtenais mon premier titre de championne de France junior et surtout une première sélection en équipe de France senior.

Dès le premier stage national, l'accueil de mes coéquipières, toutes âgées de seize à vingt-quatre ans, a été très froid. Mon grand défaut avait été de pousser l'une d'entre elles vers la sortie, et d'avoir pris sa place ! Il n'en fallait pas plus pour nourrir leur animosité. À cela se cumulaient quelques divergences physiques : trop jeune, trop grande, trop différente. Je dérangeais !

Deux ans durant, j'ai subi le mépris de certaines et l'indifférence des autres jeunes femmes avec qui je devais former « une équipe ». Aucune ne voulait m'accueillir dans sa chambre. C'est terrible à quatorze ans, l'épreuve du partage des chambres quand personne ne veut de vous. Seule Fabienne, qui devait avoir vingt-deux ans, a exprimé davantage de gentillesse et m'a acceptée à ses côtés. Son sourire et ses petites attentions m'ont été précieux pour ne pas craquer. J'ai trouvé auprès d'elle le courage de m'accrocher et d'accepter la rudesse du haut niveau. Je ne voulais pas m'avouer vaincue. Je ne voulais pas procurer aux autres le plaisir de me voir abandonner.

Intime conviction

J'ai utilisé leur animosité pour nourrir ma rage de vaincre. Elles furent mes premières adversaires bien avant mes rivales étrangères. Une fois que j'ai été installée sur la première marche du podium français, elles ne m'aimaient pas davantage, mais elles me respectaient !

J'ai appris à endurer l'exigence des entraînements en équipe de France, un rythme soutenu qui ne laisse place à aucune exception. De longues séances dans l'eau à lutter contre le froid, à répéter inlassablement trois heures durant les mêmes gestes. Tenir ! S'accrocher coûte que coûte pour ne pas être débarquée ! Cela impliquait d'être réactive, rapide, capable d'assimiler en quelques jours une chorégraphie composée de gestes et de figures déjà travaillés depuis des mois par mes coéquipières. Être en rythme avec la musique, à la même hauteur d'exécution qu'elles, rester alignée sur leurs axes, à l'écoute de leurs directives.

Intime conviction

J'ai découvert que l'on pouvait se parler sous l'eau, par des sons articulés ou des cris. Chacun ayant sa signification. Certaines nageuses arrivent même à compter sous l'eau à haute voix, la tête à l'envers, en plein milieu d'un ballet. Elles donnent le tempo à celles qui l'ont perdu.

Le statut de remplaçante au sein d'une équipe nationale est très inconfortable. Il demande autant sinon plus de travail que celui d'une titulaire, mais n'offre en retour ni reconnaissance ni attention de la part des entraîneurs nationaux… sauf si vous la suscitez. Ni même la certitude d'entrer dans l'arène de la compétition, sauf en cas de blessure d'un membre de l'équipe. Lorsque vous commencez à l'espérer, c'est que l'équipe va mal !

J'ai compris que ce poste de remplaçante ne me conviendrait pas longtemps. Il me fallait rapidement une place de titulaire. Pour cela, je devais préparer le terrain, marquer les esprits et me faire remarquer. Je me suis employée à :

– Montrer aux entraîneurs ma capacité à endurer de longues séances de travail quotidien, supérieure à celles de mes coéquipières – je m'en étais rendu compte assez rapidement…

– Témoigner d'une plus grande endurance, d'une volonté infaillible de devenir la meilleure.

– Faire preuve d'une capacité d'adaptation en toutes circonstances qui impliquait de ne pas se poser de questions existentielles, de ne pas râler tout le temps, de profiter de chaque opportunité pour montrer mes compétences.

– Témoigner de ma fiabilité, donc ne pas être malade, fatiguée, capricieuse.

N'y aurait-il pas là quelques similitudes avec le monde professionnel ?

Qu'ai-je gagné en retour ? À la fin des entraînements, alors que les autres nageuses partaient prendre leur douche, les entraîneurs nationaux me prenaient à part et, dans le bassin, me faisaient répéter plus longtemps certains gestes pour me permettre d'acquérir une meilleure technique. Ces temps d'échanges m'étaient bien plus bénéfiques que les trois heures que je venais de partager avec l'équipe. Ils m'ont permis de progresser rapidement et d'y puiser la motivation de m'accrocher.

Mes suggestions

Si vous disposez d'atouts ou de capacités particulières, exprimez-les !

Soyez pleinement ce que vous êtes. Vous ne retirez rien aux autres, vous ne faites que mettre en lumière ce qui vous est propre. Vous construisez votre chemin en vous appuyant sur vos points forts !

Cela suscitera probablement critiques et animosités de la part de collègues ou de rivaux, mais je ne pense pas que l'on puisse réussir et être aimé, du moins au départ. Cela pourra éventuellement changer une fois que cette réussite se sera imposée d'elle-même, comme l'évidence de votre talent et/ou de votre travail. C'est lorsque la réussite est partagée par son auteur avec ceux qui l'entourent qu'elle véhicule respect et reconnaissance. Mais pour cela il faut du temps, de la maturation. La prospérité doit être vécue et savourée par son auteur avant d'être partagée !

Autant il est très difficile de générer réussite et admiration (ou adhésion) de tous, autant l'on peut atteindre le succès sans écraser les autres, sans chercher à faire du mal ou à se venger. Cela peut être plus long, mais est ô combien plus gratifiant.

Pour vous donner toutes les chances d'atteindre le succès, n'en faites pas un but de vie, seulement une étape. C'est la réalisation de votre rêve qui doit être LE but. On ne sait jamais avant de s'élancer si la réussite sera au bout du chemin. Ou bien sera le chemin. À moins qu'elle ne soit rencontrée en chemin.

Le besoin de se sentir aimé

« La dépendance n'enrichit pas ; au contraire, elle appauvrit la personne qui la vit »
Isabelle Delisle, professeur en gérontologie et en thanatologie, Université du Québec à Hull

Chacun vit en portant enfouies au fond de lui ses failles, ses blessures, souvent issues de l'enfance. Ces compagnes invisibles et omniprésentes, dont nous tentons tant bien que mal de nous accommoder, accompagnent nos pas.

Dans le travail (tout autant que dans la vie privée), le sentiment d'avoir manqué d'amour enfant, d'avoir manqué d'attention, de soutien, génère chez certaines personnes un besoin viscéral de reconnaissance de la part de leur hiérarchie ou de leurs collègues. Ce besoin s'exprime à travers une quête constante de compliments qui produit un impact sur leur façon d'être, de travailler, jusqu'aux décisions qu'elles sont amenées à prendre. Mais courir après les compliments, espérer l'approbation, quémander la reconnaissance génère une dépendance douloureuse qui peut s'avérer avilissante et destructrice. Ces personnes croient ne pouvoir exister qu'à travers le regard des autres. Cependant, n'étant pas maîtres de ce regard (qui ne peut répondre constamment à leurs besoins, même si les personnes sont aimantes et attentionnées), elles souffrent terriblement.

De nos jours, dans le monde du travail, la tendance n'est pas aux compliments, ni à la reconnaissance de l'effort et du travail bien fait. C'est très regrettable ! Il est encore plus regrettable de voir que certaines entreprises qui n'ont pas ou plus les moyens de motiver leurs salariés par l'attribution de primes ou de hausses de salaire, n'ont pas davantage conscience de l'impact de la reconnaissance (justifiée et sincère, bien sûr !) par des mots, des encouragements, des félicitations. L'attention, la relation humaine produisent un impact aussi fort sur le travail et l'investissement du salarié que celui généré par l'argent. Mais il demande du temps et de l'attention, ce que les entreprises ne font pas toujours l'effort d'installer.

L'origine de l'incapacité à dire : *« C'est bien ! »* est probablement à rechercher dans notre enfance, à travers l'absence de démonstrations d'encouragement qui ont jalonné notre parcours. La majorité des parents trouve normal que leur enfant rentre de l'école avec 15/20 en mathématiques et s'abstient donc de l'en féliciter. En revanche, un 6/20 en orthographe focalisera leur attention et générera souvent des remarques. Négatives la plupart du temps !

Adultes, nous ne faisons que reproduire ce schéma de comportement. Pourtant, il suffit d'en avoir conscience pour le changer et insuffler un nouvel état d'esprit éducatif qui aurait, sans nul doute, des effets bénéfiques sur les rapports entre éducation parentale et concepts de management en entreprise.

Intime conviction

J'aurais adoré être aimée de mes coéquipières, générer leur admiration, leur enthousiasme. Rien de tout cela ne s'est produit. Toute mon enfance, j'ai essayé de masquer la peine que cela me procurait. Parfois j'y parvenais, parfois pas. Alors je partais évacuer cette boule à l'estomac qui me faisait mal, en m'isolant dans les vestiaires. Mais à part me soulager par les larmes du poids qui pesait dans ma poitrine, les choses restaient en l'état. J'ai alors compris le danger de chercher à exister à travers le regard des autres. J'ai pris la décision de m'extraire de cette dépendance affective et d'entamer un travail sur moi. C'est ce que j'ai appelé une cure de désintoxication affective.

Cette cure consistait à :

– M'imposer de ne plus chercher à travers des questions détournées, l'approbation de mon entourage. Cela implique d'être prêt à assumer ce que l'on fait, ce que l'on dit, surtout en cas d'erreur.

– Ne plus espérer de compliments, ou une quelconque reconnaissance. Cela n'empêche pas de les savourer lorsqu'ils arrivent, spontanément.

– Être plus attentive aux personnes dont les propos avaient pour but de me faire progresser plutôt que ceux visant à flatter mon *ego*.

– Focaliser mon attention sur les remarques exprimées avec bienveillance et pardonner à ceux qui, tout en étant encourageants, s'exprimaient parfois avec rudesse ou maladresse.

– Et surtout rechercher en moi les raisons de ce besoin et les moyens de le combler. J'ai découvert qu'en m'isolant du monde extérieur, je pouvais trouver en moi bon nombre de réponses aux questions que je me posais.

Mes suggestions

Si vous avez un très fort besoin de reconnaissance de la part des autres, demandez-vous pourquoi vous éprouvez ce besoin. Quel est le manque, le vide, dont vous souffrez et pourquoi êtes-vous en quête de compensation ? *Ne cherchez pas constamment à exister à travers le regard des autres. Vous leur donnez du pouvoir sur vous. C'est un état de dépendance qui peut s'avérer positif tant que la personne est bienveillante à votre égard, mais qui peut devenir néfaste si l'individu est destructeur, manipulateur, si vos relations se déprécient avec le temps.*

Et si malgré ce travail sur vous, vous n'y arrivez pas, demandez-vous si vous n'entretenez pas votre souffrance.

Entre huit ans et treize ans, j'étais terriblement timide. Au point de ne pas être en mesure de parler devant la classe lorsque j'étais appelée au tableau. J'étais la risée de tous mes camarades et le vivais comme un cauchemar. En grandissant, je me suis rendu compte que ma réputation de timide me rendait souvent service dans les situations où je n'avais pas envie d'être exposée ou de m'exprimer. Il m'était alors confortable de me retrancher derrière cette façade protectrice. Pourtant, il a bien fallu que j'en

→

→

sorte un jour et que j'ose faire face au monde extérieur. J'ai fini par comprendre que le danger ne résidait pas dans la réalité du monde, mais dans la perception que j'en avais.

Que vous apporte votre éventuelle attitude de protection qui contrebalance la souffrance que vous pouvez éprouver ? En quoi vous rend-elle service ?

Reconnaissez vous-même votre valeur, n'attendez pas que d'autres le fassent pour vous. Vous vous rendez bien compte lorsque vous faites quelque chose de bien ou de mal.

Allez chercher, loin s'il le faut, les raisons de cette dépendance. Lorsque vous les aurez trouvées, pardonnez à ceux qui ne vous ont pas apporté ce que vous attendiez. Ils ont sûrement fait ce qu'ils pouvaient en fonction de leur potentiel et leurs moyens.

Que gagnerez-vous en échange ?

– Vous deviendrez plus fort.

– Vous aurez une vision plus juste de votre valeur, de vos talents et de vos fragilités.

– Vous ne dépendrez plus des autres, ce qui vous procurera un sentiment de grande liberté. Vous serez vous-même davantage à l'écoute des autres et saurez les encourager à bon escient.

La solitude

« Aucune nuit n'est solitaire lorsqu'il y brille l'étoile d'un but dans la vie »

Jens Peter Jacobsen, écrivain et poète danois

C'est dans la solitude des bassins que je me suis construite, protégée par l'eau environnante.

C'est dans la solitude des vestiaires que j'ai parfois pleuré, mais aussi trouvé, avant les finales mondiales et olympiques, la concentration d'aligner le mental et le physique avec la volonté d'atteindre les plus hauts podiums.

Et c'est toujours dans cette solitude de mon être intérieur qu'à vingt ans j'ai commencé à chercher les réponses aux questions existentielles que je me posais. Je ne l'ai donc jamais craint. Je pense même qu'elle m'est devenue indispensable. J'ai toujours porté en moi la conviction que nous sommes seuls face à nous-mêmes, face aux grandes épreuves de notre vie. Notre chemin croise la route de certaines personnes et nous décidons de faire un bout de route ensemble, mais, dans la durée, nous sommes des voyageurs solitaires sur le chemin de nos vies. Et nous réagissons tous de façon différente lorsque la solitude s'invite dans notre quotidien.

La solitude qui m'accompagne depuis longtemps a pris deux aspects.

– La solitude subie, vécue dans l'isolement et le sentiment d'abandon. Elle m'est apparue après avoir échoué au pied du podium des Jeux olympiques de Séoul en 1988 (voir page 86). À mon retour à Paris, je me suis retrouvée seule avec l'impression d'avoir raté l'étape phare de ma vie, de ne plus intéresser personne, d'avoir perdu mes repères. Je n'avais plus rien à donner, plus rien à partager. Je ne voyais que cet échec qui occupait toutes mes pensées. J'avais beau chercher refuge dans la présence des autres, au milieu d'eux je me sentais seule. J'avais beau chercher la sécurité dans le silence de mon appartement, je m'y sentais terriblement abandonnée. Alors j'ai cherché refuge en moi et c'est là que j'ai trouvé la consolation et le sentiment de paix.

– La solitude attendue, espérée, bien assumée. Celle qui permet en notre for intérieur de trouver une paix sereine, de ralentir le flux des pensées et de réfléchir aux tourbillons de sentiments qui souvent nous emportent vers des comportements négatifs et destructeurs. Cette solitude-ci est bienfaitrice, car elle élargit la vision que l'on a de soi et du monde. Elle permet de relativiser les événements, de prendre du recul, de se détacher du regard des autres et d'aller au-delà des apparences, de trouver sa propre vérité. Qu'avons-nous à perdre à nous regarder en face, à part nos illusions ? Peut-on construire une vie entière sur des illusions et s'en satisfaire ?

Il existe bien d'autres solitudes pour ceux qui voudraient approfondir ce thème.[1]

Mes suggestions

Le meilleur moyen de parvenir à faire de la solitude une alliée est de s'accorder un peu de temps pour soi, de se poser dans le silence et de se couper du monde extérieur.

La méditation et la sophrologie sont de très bons moyens d'y parvenir. Méditer, c'est bloquer l'arrivée des informations en provenance du monde extérieur qui nous sont transmises par nos sens, et se concentrer sur ce qui se passe à l'intérieur de nous.

Au départ, nous sommes l'objet d'un immense bombardement de pensées et de sensations qui remontent, mais la maîtrise de la respiration permet de créer une distance qui calme cette ébullition et facilite ensuite le travail de « nettoyage mental ».

Il est facile de trouver des ouvrages qui proposent des méthodes de méditation. Néanmoins, c'est une affaire très personnelle et si une façon de procéder ne vous convient pas, continuer de chercher celle qui vous conviendra le mieux. Le bénéfice de cet exercice est tel que vous ne devez pas baisser les bras au premier obstacle.

C'est dans cette période de solitude qu'est né en moi le désir de me lancer dans l'humanitaire. J'ai compris à quel point avoir eu la chance de réaliser mes rêves (même si cette chance reposait sur un travail fou et beaucoup de choix), apportait une force énorme dans la vie. Je me suis rendu compte qu'autour de moi, peu de gens pensaient pouvoir réaliser les leurs et surtout croyaient trouver en eux la force et le courage d'oser.

---

1. Lire Michel Hannoun, *Nos solitudes – Enquête sur un sentiment*, Seuil, coll. « Points », 1992.

Oser se mettre en mouvement pour passer du rêve à la réalité est à la portée de tous. C'est une question de volonté, d'action. Je ne dis pas que tout le monde parviendra à atteindre son but, mais l'expérience me laisse penser qu'essayer est déjà une première victoire, peut-être même la plus grande !

J'ai toujours atteint mes objectifs, mais j'ai aussi découvert qu'ils ne revêtaient jamais l'apparence que j'espérais.

Lorsque j'ai décidé de créer de grands spectacles aquatiques, j'avais une idée très claire de leur configuration, du contenu des tableaux, des messages à transmettre. La façon de mener l'entreprise était tout aussi claire, car fondée sur l'expérience de la compétition et les leviers qui m'avaient permis de réussir. Seulement, la réalité fut tout autre. L'objectif de les voir ouvrir au public a bien été atteint, mais les rencontres en chemin, les embûches sur la route ont emmené le spectacle bien loin ou bien au-delà de l'idée originelle. À un certain stade, le projet vous échappe pour trouver son propre rythme, emmené par l'énergie de toutes les personnes en présence. Au début, vous le tirez vers sa réalisation. À la fin, vous courez derrière pour qu'il ne vous échappe pas. Est-ce bien, est-ce mal ? L'important n'est-il pas de voir se réaliser votre rêve ?

Lancer sa graine de créativité au vent, la voir germer en terre inconnue puis croître et s'épanouir pour récolter le fruit du travail effectué fait toute la magie de partir à la conquête de ses rêves. L'important pour ne pas se perdre en chemin est de ne jamais oublier d'où l'on vient. Ma devise a toujours été : *« l'important n'est pas tant le but à atteindre que le chemin parcouru. »*

UN POUR TOUS...

Le travail d'équipe

« Se réunir est un début. Rester ensemble est un progrès. Travailler ensemble est la réussite »

Henry Ford, fondateur de la Ford Motor Company

Je ne crois pas en la réussite individuelle. Il existe toujours une équipe de l'ombre derrière le succès d'un homme ou d'une femme. L'athlète dans une discipline individuelle (tennis, boxe, judo, ski nautique, etc.) doit s'appuyer sur une équipe pour atteindre son objectif (manager sportif, entraîneur, préparateurs physique et mental, service médical, entourage, sponsors, fédération, etc.). Sans l'action conjuguée de son entourage, l'athlète ne pourrait accéder au plus haut niveau et réaliser de grandes performances. Il est donc utopique de croire que l'on peut réussir seul, et surtout seul face au reste du monde.

Une équipe sportive, quelle qu'elle soit, se compose de plusieurs caractéristiques :

- d'un nombre réduit d'individus, ce qui génère de nombreuses interactions entre eux ;
- de la solidarité entre les membres du groupe, qui est susceptible d'en consolider les fondations ;
- de l'entraide.

Vues de l'extérieur, ces affinités sont invisibles et ne perturbent pas l'équilibre du groupe.

L'équipe peut être composée d'un ou de plusieurs leaders qui apprennent à travailler ensemble. Chacun reste à sa place et joue son rôle en apportant sa plus-value. Chaque équipe crée des rituels, des codes qui structurent la cohésion du groupe. Christian Califano s'est appuyé sur cet aspect du sport pour créer au sein de son entreprise un esprit d'équipe (voir page 43).

Travailler en équipe demande de partager ses savoirs et ses compétences, seule possibilité d'atteindre le niveau le plus élevé et d'y demeurer.

Mes suggestions

Créez des codes, des marques de reconnaissance au sein de votre équipe pour générer un esprit d'appartenance, une cohésion forte : un cri de ralliement, des rendez-vous réguliers (style barbecue ou *team building*) dans un endroit où chacun pourra faire tomber les masques, un petit signe vestimentaire de reconnaissance, etc.

Reconnaissez les talents et les compétences de vos collaborateurs, aidez-les à grandir.

Considérez qu'il n'y a aucune pièce rapportée dans l'équilibre d'une équipe. Du leader aux remplaçants, tous ont leur raison d'être et un rôle à jouer. N'oubliez personne au sein de votre groupe. Même la jeune recrue a quelque chose à vous apprendre, même le senior qui prendra bientôt sa retraite a quelque chose à vous transmettre.

Débriefez et partagez les défaites tout autant que les victoires.

Apprenez à observer pour sentir les transformations qui s'opèrent. Les autres sont aussi de grandes sources d'inspirations, d'enseignements.

Acceptez que chacun avance à son rythme, en soulignant toute action génératrice d'amélioration.

Les encouragements et la reconnaissance du travail bien fait sont fondamentaux pour la cohésion du groupe. Vous en avez autant besoin que vos collaborateurs. Alors donnez, si vous voulez recevoir.

L'esprit d'équipe

« Ce qui fait une équipe, ce n'est pas porter le même maillot, c'est transpirer ensemble »

Aimé Jacquet, ancien entraîneur de football de l'équipe de France

Entre 1985 et 1987, j'ai eu la chance de vivre avec mes coéquipières de l'équipe de France une aventure humaine très forte qui nous a permis d'allier la réalisation de nos objectifs communs à l'épanouissement personnel de chacune. Nous étions soudées par un état d'esprit qui ne laissait aucune place à l'échec. Nous avons donc forcément gagné… et maintenu nos performances dans la durée, ce qui est encore plus méritoire !

Je n'avais jusqu'alors jamais goûté la consécration européenne, chose qui se produisit en équipe à l'occasion des championnats d'Europe de Sofia en 1985. Avec le recul, il m'est apparu que les fondamentaux de notre victoire s'étaient scellés avant la compétition, dans les transformations vécues par l'équipe. Changements composés de nombreux détails affinés lors des séances d'entraînement, ou dans les réglages de notre vie quotidienne en dehors des bassins ; les débriefings réguliers, les séances vidéo, les échanges d'expériences, le désir de se comprendre mutuellement qui aide à nouer des liens d'amitié, les sorties en groupe pour partager les petits riens de la vie : une glace, un peu de bon temps, etc. Mais le point essentiel qui a transformé l'état d'esprit de l'équipe fut l'arrêt des séances de bizutage.

Depuis longtemps, cette pratique était ancrée dans le quotidien de notre équipe comme un vieux rituel immuable et incontournable. Quand de nouvelles recrues rejoignaient l'équipe de France, elles étaient systématiquement soumises à la traditionnelle séance de bizutage. Une intronisation parfois drôle, complice dans le meilleur des cas. Mais pas toujours… Car l'opération pouvait, même sans volonté affichée, dévier vers une forme de cruauté plus ou moins avouée. Elle pouvait même, à l'occasion, prendre une tournure empreinte de méchanceté, par exemple lorsque l'athlète souffrait d'un excès d'embonpoint ou de complexes particuliers.

D'une certaine manière, il s'agissait de placer la nouvelle arrivante dans une position d'infériorité, pour évaluer sa réaction et, le cas échéant, s'en réjouir. Un passage obligé absurde, on en conviendra. Le contexte déterminait alors le positionnement de celles qui subissaient – les nouvelles – par rapport à celles qui jouissaient d'un certain pouvoir : les anciennes. Sans que je sache pourquoi – mon jeune âge, peut-être – j'ai échappé lors de mon arrivée, à cette séance de bizutage. Mais je reste encore convaincue aujourd'hui que cela aurait pu contribuer à me faire abandonner l'équipe de France.

Respect de l'individu et force du groupe

J'ai décidé d'user de mon statut de leader pour imposer que cessent ces soumissions absurdes. J'ai instauré un accueil normal pour les jeunes recrues entrant dans la sphère de l'équipe. Cela a rapidement permis de changer la configuration et l'état d'esprit au sein de l'équipe. L'Insep, où nous partagions les séances d'entraînement et nos études, a alors été le cadre d'une progressive montée en puissance d'un mental plus soudé, plus respectueux et plus à l'écoute. Nous avons ainsi progressivement bâti les fondations d'une équipe, reposant sur le respect de chaque individu, de la pertinence de sa présence au sein du groupe, de son apport en termes de plus-value, processus menant à nous convaincre qu'une victoire européenne par équipe était à notre portée.

Ainsi, pour préparer les championnats d'Europe de Sofia avons-nous ensemble commencé à visualiser, dans les lieux d'hébergement, après les entraînements, ce que serait notre rôle à chacune. Nous évoquions le changement que cela provoquerait dans nos existences lorsque nous serions championnes d'Europe. La complicité était là, l'amitié aussi.

Doucement, nous nous sommes prises à y croire, des mois avant l'échéance. Nous étions, certes, animées d'ambitions personnelles, mais soudées dans un but commun. Quand nous préparions le ballet, l'apport et l'investissement de chacune devenaient au fil des semaines plus important. Toutes les nageuses avaient la possibilité d'apporter leur écot, leurs idées, leurs détails… C'était un régal. Je garde l'image d'une étoile de mer à vingt bras, vingt jambes, mais un seul mental animé d'une seule énergie conquérante.

Au fil des mois, le plaisir de nous retrouver a pris le pas sur l'objectif. J'ai fini par penser que peu importait que nous gagnions ou pas, l'esprit qui nous animait était notre plus belle victoire tant nous étions heureuses de travailler ensemble.

Ce n'est pas tant la qualité de notre ballet qui nous a permis de décrocher le titre que le mental fort avec lequel nous nous sommes présentées sur la plage de départ. Nous voulions que toutes nos adversaires sachent que nous étions les meilleures, que nous allions les vaincre. Bien sûr, ce mental a permis à l'entraînement une plus grande créativité, une plus grande concentration et une envie débordante de se surpasser, mais le plus beau avant de nous élancer a été l'immense fierté que nous avons éprouvée à représenter la France.

Intime conviction

Dans le management en entreprise, il me semble important d'arriver à instaurer un climat qui permette à chacun de se sentir utile, valorisé, indispensable même, au bon fonctionnement du groupe. Si un poste existe, même s'il n'est pas le plus exposé, c'est qu'il apporte quelque chose à l'équipe, qu'il a sa raison d'être. C'est au manager que revient au premier rang le devoir de mesurer les potentiels de chacun avec la nécessité d'optimiser les apports pour un meilleur rendu collectif. Il doit d'abord cerner les ambitions des individualités, les gérer et faire en sorte qu'elles trouvent en écho les satisfactions attendues, afin qu'en retour les investissements des individus s'inscrivent dans le mouvement collectif.

Le management d'une équipe : un subtil équilibre à trouver

S'il est un exemple, dans le domaine des sports, qui permette d'illustrer les bienfaits – en termes de résultats dans la compétition – d'une ambiance équilibrée au sein d'un groupe, c'est le football. Tous les entraîneurs, ou presque, vous le diront : c'est souvent de la gestion des remplaçants et de leurs rancœurs éventuelles que découle la qualité d'un climat au sein d'une équipe, au sein d'un groupe, d'un club. Que la frustration face à l'impossibilité de montrer son talent, sa capacité d'apporter sa plus-value à l'équipe – justifiée ou non – en vienne à s'amplifier, à provoquer malaise chez les coéquipiers, et l'apparition de « clans » ne tardera pas à faire surface. Puis, par un effet de boule de neige, naîtra un pourrissement du climat, gagnant progressivement les « titulaires ». Les « grains de sable » d'une communication ou d'une ambiance déficiente dans le collectif se reproduiront forcément dans la cohésion du jeu. Plus récemment, Yoann Gourcuff, avec l'équipe de France, a raconté comment ses crispations dans le groupe et sa mésentente avec Franck Ribéry, pendant la Coupe du Monde de 2010 en Afrique du Sud, se sont traduites par une absence de passes, pendant les matchs !

Que, en revanche, les « coiffeurs » – expression spécifiquement liée au football, apparue pour la première fois en 1998 au sein de l'équipe de France d'Aimé Jacquet – se chargent d'assurer le lien au sein du groupe en acceptant leur statut de remplaçant et tout le groupe pourra être cimenté par une assise collective, s'épargnant du même coup un surcroît d'états d'âme et d'aigreurs, toujours toxiques dans l'élan d'un ensemble d'athlètes. Évidemment à prendre au second degré, l'expression « coiffeur » renvoie à l'idée d'un partenaire qui se chargerait de mettre en valeur l'apparence physique d'un coéquipier, pour le placer dans des conditions optimales pour la compétition. Il renvoie aussi à la relation privilégiée entre individus où les statuts de titulaire et de remplaçant se mêleraient autour d'un objectif à atteindre en commun.

Voilà qui, d'ailleurs, en dit long sur le climat de « chambre » qui imprime souvent l'univers des sports collectifs de ballon. Là encore, comme dans la vie, l'individu devra savoir y trouver sa place pour gérer la plaisanterie avec discernement et mesure pour s'imposer. Il faut savoir accepter l'humour du coéquipier, et y répondre avec mesure et dosage. Tant pour se faire respecter que pour éviter de blesser le partenaire.

Intime conviction

Le parallèle, évidemment, se dessine en creux avec l'univers professionnel dans les usines, les bureaux. Que la vie génère des différences, personne ne le conteste. Que le degré d'efficacité, de talent, d'engagement, d'aptitudes à l'effort ne soit pas le même chez tout le monde, peut-être y a-t-il matière à le regretter. Toujours est-il que c'est la réalité. La plus efficace et la plus pragmatique des démarches pour un manager consiste, à mes yeux, à agir en tentant d'intervenir de manière positive : en accordant à chacun une place digne de son rang, avec franchise, transparence et, dans la mesure du possible, relative équité de traitement. Voilà qui se révélera, au final, toujours davantage productif qu'une attitude managériale consistant à dénoncer les lacunes.

Une place pour tous malgré les différences

Le football, pour revenir à cet exemple concret en guise de parallèle, offre un tableau qui mérite qu'on s'y arrête, tant une équipe constitue une facette de personnalités et de talents différents.

– Le gardien de but ? Il saisit la balle à la main, avec des règles qui régissent ses droits, particulièrement spécifiques pour le jeu au pied.

– Ensuite, que de profils différents, entre les lignes arrières sur les ailes ou dans l'axe, sans même parler des statuts au sein du milieu de terrain entre les « récupérateurs », souvent chargés de se multiplier dans des courses sans ballon afin de couvrir les élans du milieu offensif adverse, poste clé par définition dans la stratégie d'une équipe de football.

– Le statut d'attaquant, ce poste qui séduit le plus souvent les jeunes pratiquants attirés par le but, le plaisir ludique et le désir de se montrer décisifs dans l'offensive. Ce poste affiche là encore une variété de profils sur laquelle il serait trop long, ici, de s'appesantir.

Pas toujours besoin d'être grand et fort pour réussir ? Dernier exemple en date avec la consécration de Lionel Messi, le footballeur argentin (1,69 m), désigné « Ballon d'or » par les journalistes spécialisés. L'entraîneur sait le contenir dans ce qu'il fait le mieux, quitte à lui accorder des temps de récupération supérieurs pendant la rencontre, afin que, balle au pied, il sache se montrer décisif pour « tuer » les matchs – une autre expression de « footeux ».

Au final, tout le monde se frotte les mains : le joueur, le club, l'entraîneur et… le football. Une démonstration trop caricaturale ? Sans doute. Toujours est-il qu'elle illustre au besoin l'intérêt d'offrir à un élément le décor et le cadre dans lequel il se sent le mieux.

Cette démonstration et ce parallèle autour de l'exemple du football visent à montrer combien l'absence d'uniformité au sein d'un groupe peut parfaitement constituer un atout majeur dans une entreprise, quelle qu'elle soit, tendue vers un but adverse ou des objectifs commerciaux à dépasser. Mais à condition que l'entraîneur – le manager, le directeur – ait pris le temps nécessaire pour jauger les talents des uns et des autres, qu'il sache faire preuve de souplesse au besoin pour ajouter de l'huile dans les rouages, qu'il parvienne à marier les différences, dès lors que ces assemblages s'effectuent avec le souci de l'efficacité collective.

« LES COUPS M'ONT ENDURCI »

Une interview d'Emmanuel Petit

L'ex-international français de football Emmanuel Petit a forgé son parcours sur le socle de blessures intimes. Le renforcement du caractère est aussi une affaire de rebond personnel, suggère l'ancien champion du monde avec les Bleus.

– Emmanuel Petit, comment a débuté votre carrière ?

À douze ans, j'ai quitté la maison pour intégrer un sport-études situé à 50 km de mon domicile. Cela ne s'est pas bien déroulé en raison de l'éloignement familial (je ne revenais que les fins de semaine). J'étais au milieu de garçons qui avaient entre dix-sept et dix-huit ans. Ils pratiquaient encore cette idiotie de bizutage et avec moi cela s'est très mal passé. Un an plus tard, alors que je faisais les sélections minimes de l'équipe de France, je me suis retrouvé le seul joueur en provenance d'un club amateur. Tous les autres jeunes étaient envoyés par des clubs professionnels. Du coup, j'ai reçu énormément de propositions. Ce sont mes parents qui ont pris la décision de m'envoyer à l'AS Monaco où se trouvait le plus grand formateur de tous les clubs français. Je n'ai jamais regretté ce choix.

– Comment êtes-vous parvenu à atteindre l'excellence ?

J'ai toujours rêvé d'être au maximum de mes possibilités et même d'aller au-delà…

– Ce rêve était-il lié à votre enfance ?

Oui bien sûr ! J'ai eu des tragédies dans mon enfance que le sport m'a aidé à transcender. Mon frère est mort sur un terrain de foot d'une rupture d'anévrisme. Je disputais un match au centre de formation de l'AS Monaco et mes parents étaient auprès de moi lorsque nous l'avons appris. Le choc fut très rude, d'autant plus que peu de temps avant, j'avais perdu mon grand-père dont j'étais très proche. J'ai intégré cette tragédie comme un signe du destin. La mort de mon frère m'a paru un sacrifice pour me permettre la réalisation de mon rêve. Celui d'aller loin... très loin. Ensuite, je suis arrivé à dix-sept ans dans le milieu professionnel comme une météorite. À dix-huit ans, j'étais en équipe de France avec Michel Platini en ayant pris la place de vieux briscards en poste depuis longtemps.

– Quelle incidence sur votre caractère ?

J'étais à fleur de peau, à l'époque, et cela m'a forgé un caractère très dur. Du coup, toutes les injustices que je voyais, dans le milieu du foot et dans la vie de tous les jours, m'insupportaient plus que tout. J'ai toujours, aujourd'hui, la même réaction instinctive, je ne supporte pas les incivilités, le manque de respect.

« Les valeurs m'ont aidé à me construire et à me structurer »

– Quelles valeurs le sport a-t-il développées en vous ?

D'abord l'indépendance : le fait de partir très jeune de la maison m'a permis de me confronter tôt à des règles, à des individus de culture et de religions différentes. Cela m'a aidé à me construire et à me structurer. Vivre dans les vestiaires permet aussi de dépasser les barrières sociales et ethniques. C'est une ouverture d'esprit qui vous éloigne du racisme. Voyager est aussi très important pour s'ouvrir l'esprit.

– Ne manquerait-il pas au foot l'exemplarité ?

Je n'ai jamais limité mon statut de footballeur à mes prestations sur le terrain. J'ai toujours eu conscience de l'impact que mon attitude et mes propos pouvaient véhiculer sur les gens. Quand j'étais jeune, je rêvais en regardant à la télé les uns et les autres jouer. Ils me servaient d'exemples et pas seulement sur le terrain, en dehors aussi. Ce qui m'a toujours plu dans le foot est le sentiment d'être investi d'une sorte de mission quand je portais un maillot, quelle qu'en soit la couleur : celui d'un club français ou d'un club international, et plus encore celui de votre pays. Je considère que lorsque vous jouez en équipe de France, vous n'êtes plus un joueur de foot, vous êtes un ambassadeur, une image pour votre pays. Cela demande aux joueurs d'être au fait de la culture, des mentalités et des traditions du pays dans lequel ils jouent. Et les traditions ne sont pas du tout les mêmes qu'on soit en Angleterre, en Espagne ou aux États-Unis.

– Était-ce un état d'esprit répandu au sein de l'équipe de France ?

À mon époque oui, nous pensions presque tous cela. Aujourd'hui *(il réfléchit),* j'en doute beaucoup. J'irais même plus loin… je dirais que certains n'aiment pas la France. Cela se voit à l'expression qu'ils dégagent en permanence. Dommage que personne n'aime en parler…

– Êtes-vous passé par le monde de l'entreprise avant de rejoindre le monde des médias ?

Je suis depuis très longtemps actionnaire de deux groupes, dont un en Suisse qui dispose d'une antenne principale à Londres et de bureaux répartis un peu partout dans le monde. Son champ d'application concerne la gestion des droits télévisés, du sponsoring et du marketing dans le monde sportif et plus particulièrement dans le football. Le second est une société française implantée sur notre territoire. Netcosport est spécialisée dans la création d'applications pour mobile essentiellement concentrées sur le monde du sport. Nous avons déjà créé environ trois cents applications avec le label iTunes. Voilà peu, j'étais aussi propriétaire d'un magasin assujetti à l'enseigne Sport 2000.

« Chacun doit prendre ses responsabilités »

– Managez-vous des hommes et des femmes ?

Oui, bien sûr. Je suis quelqu'un qui apprécie de donner des

orientations, des directives, mais je veux ensuite que chacun prenne ses responsabilités. Dès que nous sommes d'accord sur les objectifs et les moyens mis en œuvre, je ne change pas d'équipe et reste fidèle à mes collaborateurs. À moins que des erreurs commises ne soient pas expliquées et/ou assumées. J'aime les personnes qui apportent des idées et prennent des initiatives.

– Quelle position tenez-vous au sein de vos structures commerciales ?

Je ne me place jamais à la tête ou en tant que leader. Cela doit se faire de façon naturelle. Avec Netcosport par exemple, j'ai face à moi des spécialistes en logiciels, informatique, graphisme, qui sont beaucoup plus compétents que moi dans ces domaines, mais qui, lorsque l'on aborde le contenu des jeux, me laissent prendre la main, surtout lorsqu'il s'agit de football. Je me positionne alors à la fois comme joueur et comme supporter ou fan. J'aime toucher à tout. Au fil des mois et des années, j'ai acquis un certain recul par rapport à ces univers et, parfois, lorsqu'un problème se pose, la solution ne se trouve pas forcément au sein de l'univers concerné, mais ailleurs. C'est un plaisir d'aller la chercher là où elle se trouve.

– Quelles valeurs pensez-vous qu'un sportif de haut niveau peut apporter à l'entreprise ?

L'adaptabilité, la remise en question et la persévérance. Nous sommes habitués à prendre des coups, à jouer sous la pression, à être critiqués en permanence. Dans mon sport, si on fait une erreur, le lendemain on est en première page des journaux, encore plus que si on fait quelque chose de bien. On connaît les règles, il faut les accepter. Il y a aussi le dépassement de soi ; rien ne tombe du ciel. Si on veut quelque chose, on doit produire les efforts qu'il faut en conséquence. C'est important de toujours se remettre en question.

– Quelles valeurs transmettez-vous à vos enfants ?

J'essaie de rendre mes filles de onze, six et trois ans épanouies. Cela passe par leur donner beaucoup d'amour. C'est ce qui me paraît le plus essentiel. Leur maman et moi-même y tenons beaucoup. Il y a aussi la politesse et le respect. Si vous désirez le respect des gens, vous devez d'abord vous respecter, puis respecter les autres. L'altruisme et la générosité sont aussi des valeurs importantes, le fait d'être attentif à l'autre et de l'aider, même si cela ne vous apporte rien. Mais cela n'est possible que si vous avez le caractère et la personnalité qui vont avec. Mes filles savent que tout n'est pas rose dehors et que la vie qui les attend va être très dure. Si vous désirez quelque chose, il faut accepter d'en payer le prix.

LE SPORT, APPRENTISSAGE DE LA FRUSTRATION

« *Accepter d'en payer le prix.* » Les propos d'Emmanuel Petit soulignent, comme on le voit, la nécessité de l'effort individuel pour conduire à la réussite. Dans un environnement difficile, la force de l'individu peut trouver ses racines dans la douleur du vécu et les blessures du passé. Dans l'angoisse de ne pas revivre les maux d'hier peut se nicher ce regain de motivation pour s'accrocher à l'espoir de jours meilleurs. Notre sort est entre nos mains. La « prédestination », qu'elle concerne la réussite ou l'échec, est un thème très à la mode. C'est aussi un refuge bien commode pour justifier notre refus d'aller de l'avant, de s'accrocher dans la tempête. À l'instar de nombreux autres sportifs de haut niveau ou d'artistes reconnus, l'ancien défenseur des Bleus illustre la conclusion positive à retenir pour chacun : les épreuves de la vie nous blessent souvent, elles peuvent aussi nous structurer, nous donner l'envie de nous battre.

Les relations d'amitié/rivalité

> « *Il y a des personnes qui marquent nos vies, même si cela ne dure qu'un moment. Et nous ne sommes plus les mêmes...* »
>
> Fern Bork

Que se passe-t-il lorsque votre meilleure amie devient votre plus redoutable adversaire ? Le temps transforme les relations, les faisant évoluer et redistribuant les cartes d'un jeu qui nous oblige parfois à faire de terribles choix.

Il m'était très difficile d'avoir des amis en dehors du monde sportif. L'amitié a besoin de temps pour se construire, pour nourrir des liens forts et durables. Le fait de s'entraîner entre cinq et sept heures par jour ne laisse guère de place à ce temps.

Assez rapidement, je suis passée du titre de championne de France junior au podium national senior. Le fait d'arriver deuxième Française m'a permis d'accéder au duo national. Je suis devenue la partenaire de Pascale, la grande championne en titre de l'époque. Je lui vouais une admiration sans bornes. Elle occupait toutes mes pensées jusqu'à devenir ma référence, presqu'un modèle. Nous étions de véritables amies, mues par une grande complicité. Pendant longtemps j'ai occulté l'idée de la battre.

Il m'arrivait de penser qu'un jour, peut-être, j'atteindrais son niveau. Que je pourrais (peut-être…) devenir meilleure qu'elle. Mais je chassais vite cette idée, trop effrayée à l'idée de détruire notre amitié. Ce joyau prévalait sur tout !

Intime conviction

À l'époque, la France n'était pas une grande nation européenne en natation synchronisée. Les juges étrangers ne prêtaient guère attention à notre hiérarchie et, lors d'une compétition, j'ai devancé Pascale en technique. Tout le monde (moi y compris) a pris l'événement pour un incident de parcours. Ce résultat s'est répété une deuxième fois, puis une troisième. Seulement à l'étranger car, en France, l'idée même de bousculer la hiérarchie était inconcevable !

Finalement, j'ai pris conscience que je m'interdisais de vivre, d'avancer. Je ne me créais plus d'avenir.

Lors des semaines précédant les championnats de France, j'ai hésité entre le désir de perdre et celui de gagner. La natation synchronisée française s'était divisée en deux clans, celui de Pascale et le mien. Chacun y allait de ses arguments et de ses intrigues pour que, comme dans un combat de coqs, nous nous dressions l'une contre l'autre.

Il m'a fallu accepter d'abord dans la tête l'idée de battre Pascale. Une fois cette étape franchie, j'ai mis dans la compétition toute ma volonté et ma rage de vaincre. Ce fut une lutte acharnée que j'ai remportée d'un cheveu. Mais ce cheveu a suffi à me hisser sur la plus haute marche du podium. La médaille autour du cou, j'ai contemplé dans le regard de Pascale l'envol de notre belle amitié.

Nager ensemble cinq heures par jour pour préparer le duo olympique devint très difficile. Pourtant, nous représentions la France dans toutes les compétitions internationales. Notre relation se résumait à se dire bonjour le matin et bonsoir le soir. Sous l'eau, il nous arrivait de nous donner des coups, volontairement, pour évacuer l'animosité qui nous habitait. À l'extérieur de l'eau, notre entraîneur nous demandait de nager plus serrées, d'être plus en osmose ! Si elle avait su… Malgré tout, nous arrivions encore à être championnes d'Europe en duo.

Où se trouve la frontière entre amitié et rivalité ? Dans le sport, ces sentiments sont intrinsèquement liés et tout partenaire peut du jour au lendemain devenir votre plus redoutable adversaire. En y repensant, j'ai réalisé que jamais je ne l'aurais vaincue si je n'avais pas d'abord accepté dans ma tête l'idée de la battre. Preuve que tout commence bien au niveau de l'esprit ! C'est au prix de cette acceptation que le titre m'est devenu accessible.

Intime conviction

Cette progression m'a valu le statut de leader, de locomotive. Poste difficile à tenir en France, car suscitant de nombreux sentiments exacerbés. Si l'on admire les premiers, on aime les seconds. Il semble plus facile de se projeter dans le rôle du perdant que dans celui du gagnant. J'ai pu m'en rendre compte aussi dans ma vie d'entrepreneur. Le chef d'entreprise est l'homme qui réussit par chance et échoue par incapacité. Combien acceptent de prendre le risque d'entreprendre, de dépasser leurs peurs, de faire fi de celles de leur entourage pour se réaliser, au risque de se perdre ! Perd-on vraiment à explorer ses possibilités ? Tant que l'on n'ose pas quitter ses repères pour s'aventurer sur les chemins de l'inconnu, on ne peut connaître sa valeur, son potentiel et surtout l'incroyable bonheur de la réussite.

Cette situation se produit aussi dans le cadre de la vie professionnelle. Que faire lorsque vous ambitionnez de décrocher le poste d'une personne que vous appréciez ? Avancer vers un objectif, construire un chemin et tenter de se réaliser en essayant de ne nuire à personne implique forcément un renoncement. Il est impossible de gagner sur tous les fronts, de tout cumuler sans rien perdre en retour. Êtes-vous prêt à renoncer à quelque chose pour atteindre vos objectifs, pour réaliser vos rêves ?

La volonté de réussir à tout prix

Le sportif de haut niveau est très souvent considéré comme un être égoïste ! Il l'est assurément, et je ne pense pas qu'il puisse en être autrement. Jean-François Lamour l'évoque dans son interview page 94.

Le système est fait de telle sorte qu'il nous met au cœur d'un processus qui s'orchestre autour de nous. Le but est de satisfaire nos moindres besoins, nos moindres désirs pour que nous ne pensions qu'à une chose : GAGNER. Nous finissons par nous prendre au jeu, par penser que nous sommes le nombril du monde. Et tant que nous n'avons pas quitté le monde protecteur de la fédération, nous ne savons pas que cette situation est illusoire, temporelle et très éloignée de la réalité de la vie. N'ayant pas d'autres cadres de référence, nous grandissons avec ces repères et lorsque la reconversion arrive, l'atterrissage est souvent douloureux.

Cette position égotique peut être difficile à supporter pour notre entourage. Les effets produisent un impact, à plus ou moins grande échelle, sur toutes les personnes qui vivent dans notre sphère proche. Certains y trouvent leur compte et cela passe par la nécessité de poser des limites à nos débordements émotionnels. En aucun cas il ne faut accepter de servir d'exutoire à nos humeurs variables. Le risque est grand pour l'entourage de s'y perdre et ce n'est pas nous rendre service. Ces rapports sont très bien décrits dans le film de Christian Duguay *Jappeloup* (2013), avec Guillaume Canet. Je m'y suis reconnue avec effroi !

Intime conviction

Lorsque je préparais les Jeux olympiques de Séoul de 1988, je n'avais réellement pas conscience des contraintes et des sautes d'humeur que j'imposais à mes proches. Je ne voyais que mes objectifs et mes besoins. Toute contrariété m'était insupportable. La préparation était si intense que j'étais très dure envers moi-même, à la limite de la tyrannie. Certes, il faut l'être pour supporter les heures et les heures d'entraînement qu'impose le haut niveau. Mais imposer cette même dureté à mes proches, comme un passage obligé à ma réussite, était une belle preuve d'égoïsme. En retour, j'ai reçu d'eux de belles preuves d'amour.

Le dopage

À force de me battre contre moi pour réussir, il m'arrivait d'entrer dans des périodes de très grande fatigue avec les risques accrus de blessure et d'accident en tout genre. C'est à ce moment-là que s'est imposée à moi la question du dopage.

Intime conviction

En période hivernale, je terminais mes journées dans un tel état de fatigue que je traversais des semaines entières avec le sentiment que je n'arriverais jamais à tenir jusqu'à l'échéance. Je ne trouvais plus le sommeil et en perdais l'appétit. Chaque matin, en me levant, je me sentais incapable d'ajouter une journée de plus à la fatigue de la veille. Et pourtant j'y allais, comme un automate, une formule 1 bien rodée. Et chaque jour venait s'ajouter au précédent. J'ai fini par en parler à un ami, athlète de haut niveau à l'Insep et champion cycliste. On l'appelait « monsieur Vidal », tant il était expert dans la connaissance de ce dictionnaire médical, référence de tous les médecins. D'ailleurs, pendant longtemps j'ai cru que c'était son vrai nom ! Plusieurs fois, il m'a proposé des produits qui m'aideraient à tenir le coup, à récupérer plus rapidement. Chaque pathologie a son produit miracle.

À l'écouter, j'allais crever le plafond, surpasser mes adversaires et devenir indétrônable. J'étais partagée entre frayeur et tentation. L'impact sur ma santé présente ou à venir ne me souciait guère, mais la peur de devenir « accro » à ces produits et d'être contrôlée positive me paralysait. Cette peur a été le rempart qui m'a évité de tomber dans le dopage.

Alors quel échappatoire ? En général je commençais par prendre des vitamines et autres fortifiants vendus en pharmacie. Mais l'effet n'était pas assez rapide et l'efficacité incertaine. Je me tournais alors vers le médecin de la Fédération afin qu'il m'aide. Lui seul savait ce que je pouvais prendre sans risquer d'être contrôlée positive quelques mois plus tard.

La question du dopage peut se poser à beaucoup, et pas seulement aux sportifs. À l'étudiant en médecine comme au patron sous pression, ou au publicitaire en mal d'inspiration. Certains franchissent la barrière, d'autres pas.

Pour les sportifs qui ont encore une vision du sport guidée par les exigences d'éthique, qui refusent de risquer leur santé et leur vie future, les contrôles sont une barrière préventive. Pour les autres sportifs, c'est un coup de poker qui se joue chaque matin de leur vie d'athlète et bien après, car la vie ne s'arrête pas après la fin de la compétition. Au contraire, elle ne fait bien souvent que commencer !

Les non-sportifs pour qui aucune loi ne régit ce type de danger n'ont que leur lucidité et leur entourage pour les prémunir du danger. Si vous êtes dans cette configuration, parlez-en à vos proches, échangez avec votre médecin, ne détruisez pas votre capital santé. Je reste traumatisée par le décès d'un ami colocataire, grand pratiquant de water-polo, qui était en sixième année de médecine et qui est décédé à l'âge de vingt-trois ans d'une crise cardiaque. Il s'administrait diverses drogues pour supporter le rythme frénétique de ses études. Il n'est jamais allé au bout de rien, elles l'ont emporté avant !

3°
SOLO

FRANCE
arena

arena

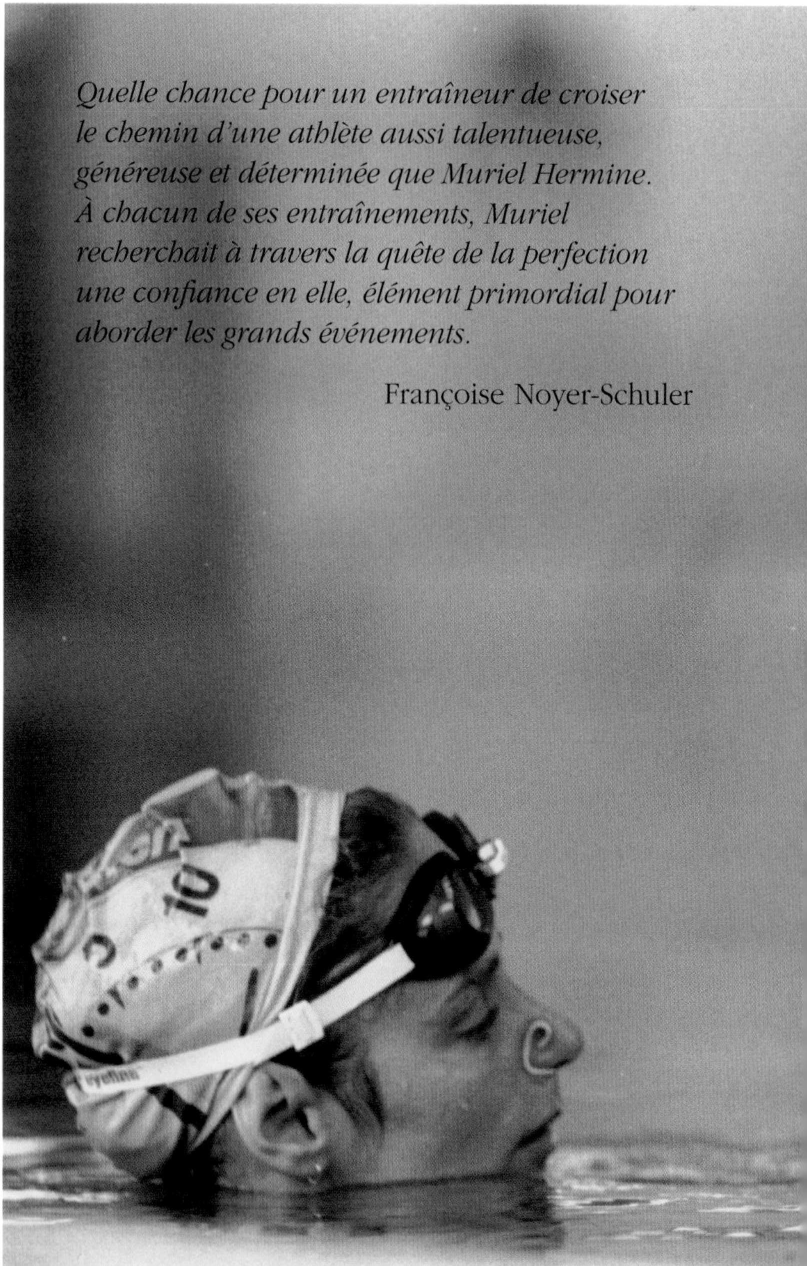

Quelle chance pour un entraîneur de croiser le chemin d'une athlète aussi talentueuse, généreuse et déterminée que Muriel Hermine. À chacun de ses entraînements, Muriel recherchait à travers la quête de la perfection une confiance en elle, élément primordial pour aborder les grands événements.

Françoise Noyer-Schuler

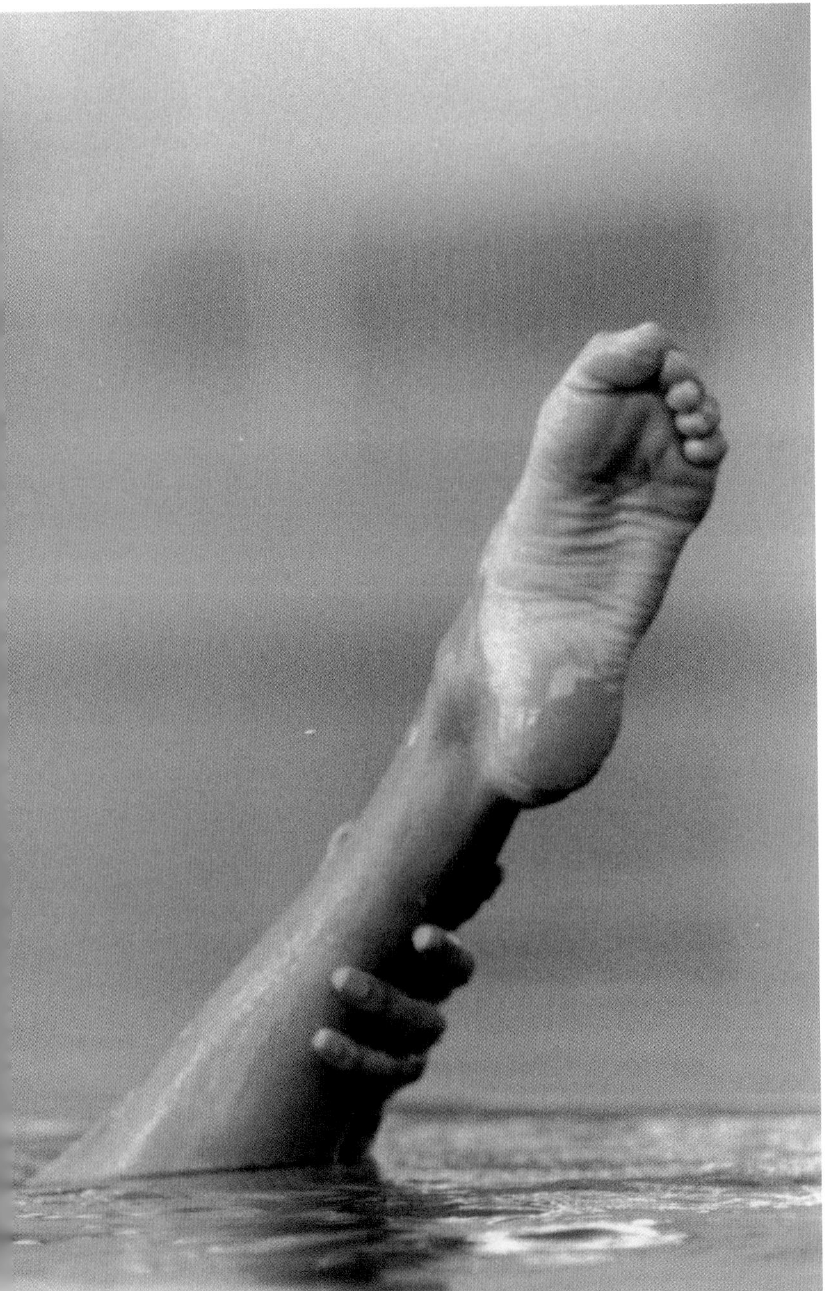

Michael Jackson

Briser les barrières entre les mondes, aller à la rencontre de l'Autre, de ses différences, et découvrir une grande complicité qui mène à la tendresse. Voilà une belle histoire d'amour.

Muriel Hermine

En tant que parent, vous pouvez être confronté à la question cruciale du dopage si votre enfant atteint un bon niveau national et qu'il ambitionne de faire une carrière internationale.

Mes suggestions

Seul le dialogue avec lui autour des risques encourus peut l'aider à faire ses choix en pleine conscience.

Faites-lui rencontrer des sportifs qu'il admire et qui pourront avoir un impact positif sur la question. Assurez-vous de leur intégrité !

N'hésitez pas à en parler à votre médecin si vous avez des doutes.

Ne lui imposez pas de réussir à tout prix. C'est exercer sur lui une pression qui peut l'inciter à tricher pour ne pas vous décevoir.

Ne vous projetez pas dans la carrière de votre enfant, quelle qu'elle soit. Votre enfant est là pour vivre sa vie, et vous la vôtre. J'ai vu trop de parents pousser leur enfant jusqu'à l'écœurement. Ou lui imposer leur vision de la façon de mener sa vie, de surmonter ses difficultés. Même si cela part d'un bon sentiment, on ne peut pas les empêcher de commettre des erreurs, d'avoir des passages difficiles. C'est le propre même de la vie, de leur vie !

La frustration comme principe de surpassement

« Tous ceux qui réussissent apprennent que le succès se trouve de l'autre côté de la frustration… »

Anthony Robbins, auteur américain d'ouvrages sur le développement personnel

Toute ma carrière, l'insatisfaction a été l'un de mes principaux leviers de motivation. Lorsque je descendais d'un podium, qu'il soit national ou international, je regardais la médaille pendue autour de mon cou et trouvais l'objet bien dérisoire en comparaison des efforts consentis. J'avais beau me dire que cette « breloque » était symbolique, que le bénéfice du travail était ailleurs, je ne pouvais m'empêcher de penser que j'étais folle de passer autant de temps et d'énergie à courir après des allégories. Ces pensées démotivantes me poussaient souvent à envisager la retraite comme la prochaine étape.

Mais au bout de quelques semaines de repos, j'éprouvais un sentiment de manque, un vide à combler, une impression de revanche à prendre qui passait par la nécessaire pratique sportive. Assez vite, j'ai perçu le sport non comme une finalité, mais comme un moyen d'explorer un besoin qui me dépassait.

Après quelques semaines de repos, la fatigue évacuée et l'esprit plus serein, mon corps me faisait mal. Je me sentais engoncée comme dans un habit trop petit pour moi. Alors j'allais courir, m'étirer, mais rien ne faisait craquer les coutures qui m'enserraient. La pensée de retourner à la piscine, de retrouver l'ambiance de l'équipe et le plaisir de l'effort faisait renaître en moi l'envie de reprendre la compétition. Dans la foulée, le désir de relever des défis revenait et me propulsait vers un nouvel objectif, toujours plus haut, toujours plus ambitieux.

J'ai fini par accepter ce sentiment de frustration comme une part intégrante de ma personnalité. Je n'ai pas compris sur l'instant qu'il était mon levier de motivation. Sans lui jamais je n'aurais parcouru le chemin qui m'a conduit à la consécration sportive. La prise de conscience s'est opérée bien après avoir touché mes limites, celles dont je parle en introduction de ce livre.

Que peut-il se passer pour celui qui ne connaît pas la frustration, qui n'éprouve que de légères contrariétés, rapidement gommées par un entourage bienveillant ? J'ai toujours désiré que mes enfants soient les plus heureux du monde. Que la vie les épargne et leur soit douce. Mais dans cette approche maternelle et protectrice, j'ai réalisé que je tuais en eux l'envie d'oser, la nécessité de s'élancer, de développer leurs capacités de réactivité, le besoin de trouver les leviers d'affronter l'adversité qui, un jour ou l'autre, frappera à leur porte. Et face à des jeunes qui auront grandi dans l'infortune, avec la rage de s'en sortir, je doute qu'ils fassent le poids.

Mes suggestions

Pour accompagner au mieux nos enfants, je crois utile de :

– Leur apprendre la patience, le fait que l'on ne peut pas tout avoir au moment où on le désire. Chaque chose a un prix et l'attente s'inscrit dans ce processus.

– Rester présent à leurs côtés sans toutefois poser de garde-fous devant chacun de leur pas.

– Les inciter, parfois en usant de l'autorité, à tenir leurs engagements pour éviter l'effet « zapping » propre aux jeunes générations.

– Les aider à relativiser les événements, à ouvrir leur cœur tout autant que leur esprit.

– Leur apprendre que l'avenir se construit dans le présent, à travers les décisions qu'ils prennent aujourd'hui. Et qu'ils resteront toujours responsables de ce qui découlera de leurs décisions.

– Mettre un cadre souple et empli de bienveillance autour d'eux, sans chercher à vivre leur vie.

Le sentiment de frustration éprouvé durant ma carrière sportive est resté présent, même après la reconversion, dans tous les autres défis qui ont jalonné ma vie : le spectacle et l'humanitaire. Tant que j'éprouvais cette impression d'insatisfaction, la motivation restait forte. Le jour où s'installait un sentiment d'achevé, d'aboutissement, je savais qu'il était temps de tourner une page de ma vie pour embrasser un nouveau défi. Peu importait le domaine, les difficultés rencontrées ou l'envergure du projet, l'essentiel était de ne pas m'installer dans la routine, certes confortable, mais qui aurait tué en moi l'envie d'entreprendre. C'est ainsi que s'est imposée l'idée que je n'étais pas ma fonction. Je n'étais pas « juste » la petite sirène des bassins, ou « juste » la créatrice de spectacles aquatiques. J'étais bien plus que cela ! Multiple ! Je pouvais réaliser plein de choses, et à travers chacune d'entre elles, découvrir d'autres aspects de mon potentiel. Et ces activités n'étaient pas une finalité, juste un outil d'expression, générateur d'expériences. Un moyen de me réaliser, tout simplement. Pour cela, une seule condition : oser quitter les rivages connus et avancer vers l'inconnu. Quelle récompense en retour ? Mieux me connaître, mieux me comprendre, mieux m'accepter. Devenir qui je suis !

L'échec, une leçon de vie

« Parfois, la vérité nous fait mal, mais la maturité d'accepter la vérité nous fait grandir »

La réussite fait sourire, l'échec fait grandir.

Nombreux sont ceux qui n'osent entreprendre par peur de l'échec. Pourtant, l'échec s'accompagne de nombreux enseignements : c'est à travers lui que nous apprenons le plus sur nous-mêmes, que nous comprenons mieux nos erreurs de comportement, nos modes de fonctionnement incorrects. La victoire n'est que rarement un terreau de remise en question.

L'échec, en nous mettant à terre, nous oblige à réfléchir aux raisons qui nous ont conduits aux résultats inappropriés. Certains s'en relèvent, d'autres pas. C'est souvent non seulement une question de caractère, mais aussi de perception et d'interprétation des événements. S'ensuit une représentation mentale qui va déterminer notre façon de réagir et si nous allons sortir grandi ou affaibli de l'expérience. Nous avons le pouvoir d'influer sur cette interprétation, car nous sommes tous maîtres de notre esprit. C'est nous qui décidons ! Pour sortir grandi d'un échec, il faut en comprendre les causes (cela peut prendre des années) et accepter notre part de responsabilité. Ensuite, ce que l'on en fait n'appartient qu'à nous.

Après les championnats d'Europe de Schiltigheim, j'avais devant moi la perspective des Jeux olympiques de Séoul et plus aucune envie de nager. J'aspirais à autre chose : m'éloigner des bassins pour découvrir de nouveaux horizons, créer un grand spectacle aquatique, etc. J'ai décidé de mettre un terme à ma carrière et en ai informé mon entourage (mon entraîneur, la fédération, ma famille, mes sponsors et la presse). La pression pour me voir continuer fut si forte que je n'ai pas trouvé le courage d'imposer ma décision. Souffrir pour trois lettres que l'on n'ose pas assumer et qui deviennent une prison...

J'ai repris le chemin de la piscine, passant de cinq à sept heures d'entraînement par jour. Mais sans plus éprouver le désir de me faire mal, sans la volonté de me surpasser comme cela avait été le cas jusqu'alors. Et chaque matin je me dirigeais vers l'Insep avec une boule au creux de l'estomac.

Pour apporter un peu de nouveauté dans mon quotidien – et de fraîcheur dans ma tête – j'ai réfléchi à la meilleure stratégie pour m'assurer l'or ou l'argent du podium. J'ai évalué les atouts qui jusqu'à présent m'avaient permis d'atteindre le plus haut niveau mondial. Incontestablement, l'artistique était mon point fort et la technique mon point faible. J'en ai donc déduit que si je passais cinq heures par jour (sur sept heures) à travailler mes faiblesses, je réduirais considérablement l'écart qui me séparait de mes adversaires. L'artistique m'aiderait ensuite à décrocher une médaille. Pendant dix mois, j'ai travaillé ce que je n'aimais pas dans mon sport (la technique), sans éprouver ni motivation ni plaisir. De surcroît, j'éprouvais l'intime conviction que je faisais une erreur, mais sans jamais oser ni me l'avouer ni l'exposer aux autres.

Intime conviction

Je suis arrivée fatiguée physiquement et moralement à Séoul. Dès les premiers entraînements, j'ai pris conscience de la qualité exceptionnelle des programmes de mes adversaires et de la grave erreur de stratégie que j'avais commise. Si l'on peut réduire l'écart en travaillant ses faiblesses, **c'est toujours avec ses points forts que l'on gagne**. L'évidence était de constater que mon niveau technique s'était beaucoup amélioré, mais n'égalait toujours pas celui de mes concurrentes, qui avaient continué de progresser en travaillant leurs forces. Et artistiquement, mon programme n'avait rien d'exceptionnel, faute de travail. Je me suis dit que j'allais perdre ! Et mon moral a chuté. À ce niveau de compétition, si le mental n'y est pas, la défaite est assurée !

J'aurais pu réagir, me ressaisir, aller chercher au fond de moi la rage de me battre, comme à l'accoutumée. C'est vraiment ce que je désirais consciemment, et pourtant… je suis tombée malade ! Le lendemain matin, je me suis levée les poumons enflammés par une bronchite.

Échappatoire parfois idéale pour se soustraire des responsabilités lorsqu'elles vous semblent insurmontables. Tout était inconscient bien sûr, l'*ego* est suffisamment vicieux pour élaborer des stratégies subtiles, difficilement décelables.

Cette bronchite me faisait tellement tousser que j'ai perdu quatre kilos en trois jours. Je crachais mes poumons sous les yeux médusés des juges. Le service médical français a demandé au CIO (Comité International Olympique) l'autorisation de m'administrer de la codéine (substance inscrite sur la liste des produits dopants). La réponse fut négative et catégorique ! Quelques heures plus tôt venait d'éclater le scandale Ben Johnson, ce Canadien sacré champion olympique du 100 mètres (athlétisme), premier athlète à être destitué de son titre pour contrôle positif aux stéroïdes anabolisants.

J'ai crié à l'injustice, me positionnant comme une victime de la tricherie de sportifs sans état d'âme et d'un système qui ne faisait pas la différence entre les fourbes et les autres. J'avais tellement souffert pour préparer ces Jeux que je n'ai pas voulu abdiquer si près du podium. Je me suis présentée à la chambre d'appel. J'ai nagé la finale et terminé au pied du podium.

À l'issue de la compétition, j'ai vu mes trois rivales monter au pinacle et recevoir la plus fantastique des récompenses sportives : une médaille olympique. Les drapeaux se sont levés, les hymnes ont retenti, et moi j'ai eu l'impression d'être aspirée dans un trou noir. En dix mois, je venais de passer du plus beau jour (ma triple victoire des championnats d'Europe à Schiltigheim) au pire moment de ma carrière. On dit que la quatrième place est la pire. Si vous saviez à quel point c'est vrai !

J'ai longtemps regretté cette compétition de trop. Cet échec fut le plus grand et le plus formateur de toute ma carrière. J'ai appris que tout passe, les grandes victoires comme les grands échecs. Ce qui reste est l'interprétation mentale que nous nous forgeons autour de l'expérience vécue.

Pendant les dix années qui ont suivi Séoul, j'ai gardé en moi les stigmates de la toux de Séoul. Dès que je devais m'exprimer à haute voix, prendre la parole en public, une toux d'irritation surgissait dans ma gorge et obstruait les cordes vocales, réduisant mes capacités. C'est la première fois que j'en parle, tant la souffrance est restée longtemps présente. Il m'a fallu de longues années avant de me demander :

- pourquoi je continuais de tousser ;
- pourquoi j'avais perdu ;
- pourquoi je n'arrivais pas à tourner la page.

Un jour, j'ai accepté de regarder les événements sous un autre angle, en analysant objectivement les faits. Je me suis rendu compte que je n'étais pas la pauvre victime que je croyais être, mais que j'avais une grande part de responsabilité dans ma défaite.

– N'était-ce pas moi qui ne voulais plus de ce combat mais qui n'avais pas trouvé le courage d'assumer ma décision ?

– N'était-ce pas moi encore qui, pour gagner, avais fait le choix de travailler mes faiblesses plutôt que de renforcer mes points forts ? Là où, de surcroît, résidaient mon plaisir de nager et ma plus-value ? Cela s'appelle une grande erreur de stratégie.

– N'était-ce pas moi toujours qui avais paniqué devant l'excellence de mes concurrentes, au point de me retrouver malade ? Je crois même pouvoir dire aujourd'hui que je me suis réfugié dans la maladie !

C'est dans la tête que se gagnent les victoires, bien avant les bassins ou les tatamis ! Une personne motivée, enthousiaste, qui nourrit un esprit positif ne tombe pas malade.

Mes suggestions

Pour éviter l'échec et si malgré tout il se présente sur votre route :

Observez l'état d'esprit dans lequel vous vous trouvez, la couleur de vos pensées « impacteront » forcément votre perception de l'événement. Dès cette introspection, rectifiez votre façon de penser si elle n'est pas adéquate.

Si malheureusement l'échec est inévitable, vous serez d'abord emporté dans un tourbillon d'émotions. Attendez qu'il retombe, puis regardez objectivement le chemin parcouru et les décisions prises. Examinez la situation sous plusieurs angles.

Évitez de tomber dans un état de victimisation. C'est le plus « confortable », mais le moins pédagogique. Si vous ne tirez aucune leçon de votre échec, vous serez enclin à vous remettre dans le même style de situation et à reproduire les mêmes erreurs.

Comprenez les leviers qui vous ont fait échouer, tirez-en les enseignements, grandissez en compréhension, puis repartez dans la mêlée, car la vie ne s'arrête pas après un échec. Dites-vous bien que tout le monde échoue au moins une fois dans sa vie.

→

→

L'échec permet de travailler sur l'*ego*. C'est lui qui vous maintient dans un sentiment d'injustice, d'incompréhension, qui vous empêche de comprendre les leçons à tirer.

Prenez le temps de vous reposer et n'occultez pas les signes éventuels de dépression que peut engendrer l'échec. Le cas échéant, faites-vous aider.

Certains (amis ou famille) vous jugeront et leur regard sera douloureux. Apprenez à vous en détacher et à vivre avec vous-même et non à travers le regard des autres.

Certaines personnes s'éloigneront (j'en parle par expérience !) mais d'autres arriveront, pleines d'espoir et d'énergie à vous donner.

Échouer complètement et ne rien tirer de l'expérience est impossible. Vous allez forcément être amené à croiser de nouvelles personnes, à vivre de nouvelles situations, à développer de nouveaux savoirs. Ces situations vécues restent une richesse non quantifiable financièrement, mais bien réelle…

CHAPITRE 3

COMMENT S'INSPIRER DU SPORT POUR RENFORCER SON MENTAL

« La chose la plus importante dans la vie,
c'est de se trouver soi-même »
Pierre Teilhard de Chardin

Ainsi que vous le lirez dans les pages qui suivent, le témoignage de l'ex-champion français d'escrime Jean-François Lamour met en lumière les leçons à tirer de la compétition, pour les sportifs notamment. Mais qu'en est-il pour les non-sportifs, tous ceux qui n'ont jamais éprouvé l'envie de se confronter aux autres dans la compétition ? Les réflexions qui suivent s'adressent également à eux. Si ce livre, encore une fois, n'a jamais prétention d'avancer une série de recettes clés en main, il tend à inviter, à s'inspirer, des spécificités des pratiquants de disciplines sportives. Après tout, leurs qualités et leurs vertus ne leur sont pas réservées, elles peuvent aussi, évidemment, s'étendre à l'ensemble de la population, en tout cas à cette part d'individus concernés par la remise en question et la quête de l'enrichissement de leur personnalité. Il serait évidemment trompeur de promettre à tout un chacun une transformation en profondeur de son tempérament. Il serait tout aussi excessif de garantir une mue totale de son parcours professionnel par l'application attentive de quelques règles fondamentales. Toutefois, si l'on considère que la réussite d'un sportif dépend à 70 % de son mental, nous sommes tous propriétaires de nos choix, et de notre libre arbitre. La marge de progression, même limitée, existe donc. À chacun de savoir où la chercher.

« LE SPORT EST PROGRESSION »

Une interview de Jean-François Lamour

Au-delà de la quête du résultat, l'ancien champion olympique Jean-François Lamour fixe la recherche permanente de l'amélioration de l'individu comme vertu majeure de la pratique sportive. Rencontre avec un passionné qui a choisi de prolonger ses convictions dans le champ de l'économie puis de la politique.

– Jean-François Lamour, vous êtes actuellement député à l'Assemblée nationale et avez été ministre des Sports[1], puis de la Jeunesse, des Sports et de la Vie associative[2]. Quelles ont été vos expériences professionnelles avant d'entamer votre carrière politique ?

Entre 1985 et 1992, j'étais en pleine carrière sportive et je cumulais mes cinq heures d'entraînement par jour avec le poste de kinésithérapeute. Je partageais mon temps entre l'Insep où j'étais salarié, et une clinique où j'officiais comme kiné à titre libéral.

– Était-ce un choix déterminé depuis longtemps de devenir kiné ?

Oui, en quelque sorte ! C'était à la fois voulu et imposé, car il fallait que je trouve une activité qui m'offre une grande souplesse pour me permettre de conjuguer l'entraînement, les stages et les compétitions. J'avais aussi besoin d'un salaire qui me permette de vivre décemment. J'ai trouvé auprès de mes collègues de la clinique la possibilité de me faire remplacer quand je devais m'absenter pour les compétitions, et de les remplacer quand j'avais une période d'entraînement moins dense. Souvent les samedis et les dimanches.

1. De mai 2002 à mars 2004.
2. De mars 2004 à mai 2007.

– **Avez-vous été accompagné dans votre reconversion soit par la Fédération française d'escrime, soit par un organisme extérieur ?**

Non, absolument pas ! J'ai été accompagné pour obtenir mon diplôme, puis aidé par le président de la fédération, qui lui-même était kinésithérapeute, pour obtenir le poste à l'Insep, mais je me suis débrouillé seul pour organiser ma reconversion.

– **À quel moment s'est opérée la transition vers la politique ?**

En 1992, quand j'ai arrêté ma carrière. Je n'avais aucune reconversion prévue dans le domaine du sport, dans l'entraînement…

– **Vous n'avez jamais entraîné ?**

Non, jamais. J'ai donné des conseils, mais jamais entraîné, car je ne suis pas très bon pédagogue, pas très patient dans l'apprentissage. Je ne me sentais pas capable de faire ça. Et puis ça n'a jamais été ma voie. J'ai fait une licence de chimie avant d'être kiné…

– **Donc après 1992…**

Je me préparais à devenir kiné à temps plein. J'avais bien en tête le désir de faire autre chose, mais je ne savais pas quoi exactement et je ne savais pas comment. Donc quand on ne sait pas, on fait ce que l'on sait faire ; ou en tout cas on s'y applique. Je m'apprêtais à m'installer à Lyon, ville de naissance de mon épouse Isabelle, quand Jacques Chirac, alors maire de Paris, m'a appelé pour me proposer d'être son conseiller en sport, en remplacement de son collaborateur qui prenait une autre mission.

– **Quelle a été votre réaction ?**

J'ai été très surpris, car je n'avais jamais été impliqué directement en politique. J'en ai parlé à Isabelle et, en quelques heures, nous avons décidé que j'accepterais cette mission. C'est ainsi que j'ai basculé dans l'inconnu.

Interview

– Comment vous êtes-vous formé ?

Un des collaborateurs de Jacques Chirac m'a consacré du temps tous les soirs pour ça. Je n'y connaissais absolument rien. C'était un basculement total, mais comme je cherchais une voie différente, j'ai pensé c'était là maintenant, et à portée de main. C'était un changement radical de vie, un changement radical d'option. Je me suis dit que si ça ne me plaisait pas dans deux ans, j'aurais toujours la possibilité de revenir à mon métier de kiné.

– Est-ce le côté « challenge » qui vous a séduit ?

Le défi s'est dessiné progressivement, car je suis arrivé à une période assez incroyable avec de nombreux défis à relever. Chirac était à l'époque seul contre tous, mais se dessinait déjà la victoire à la présidentielle de 1995. Une fois élu, le président m'a emmené avec lui à l'Élysée, puis m'a nommé ministre des Sports.

« La vie n'est faite que d'opportunités »

– Considérez-vous avoir trouvé votre voie ?

Oui, je le pense, même si je reste très prudent. Il faut toujours être à l'écoute les « antennes » déployées, pour d'autres défis passionnants. La vie n'est faite que de ça ! À partir du moment on est passionné, où on fait bien son travail, où on sent bien les choses, rien n'empêche de bouger, de changer de voie. Je suis toujours dans le challenge permanent, même si je reconnais que je me sens particulièrement bien dans ce que je fais actuellement.

– Croyez-vous que les sportifs ont cette obligation de rendre ce qui leur a été donné ?

Oui, je le crois vraiment. Il y a deux raisons à cela : d'abord lorsque nous sommes sportifs de haut niveau, nous sommes extrêmement égoïstes et individualistes. Si nous ne le sommes pas, nous ne réussissons pas. Même si nous sommes amis avec quelqu'un, même si nous avons de la considération pour notre adversaire, il faut le battre ou être meilleur que lui… À partir du moment où le sportif a vécu une longue carrière avec cet objectif en tête, il a besoin à un moment donné de ne plus être le premier et d'essayer de donner un peu aux autres, de mieux les écouter.

– S'engager en politique, c'est aussi s'engager pour les autres, pour les aider…

Attention, en politique comme partout ailleurs, il y a des loups. Des types qui ont beaucoup d'ambition. Ceux qui ne se sont pas encore réalisés dans leur vie, hommes ou femmes, le font « à travers » la politique.

– Le fait de l'avoir vécu dans le sport vous permet-il de vous sentir détaché de cet aspect ?

J'aime toujours gagner, mais je reconnais que cet aspect de l'action politique joue un rôle important tant dans ma façon d'être que dans ma façon de faire.

– Vous avez donc endossé un statut de manager, d'accompagnateur ?

Je suis à la fois le patron d'une équipe de militants et, en lien avec le maire du quinzième arrondissement, Philippe Goujon, animateur d'une équipe municipale, et bien sûr j'assume ma mission de député. Ce que j'aime, c'est pouvoir conseiller, retranscrire cette notion d'aventure sportive qui est de construire un projet avec une équipe, se fixer un objectif et avancer ensemble.

– Sur quelles valeurs vous appuyez-vous et quelles sont celles qui vous paraissent transposables du sport à votre activité ?

Évitons les lieux communs ! Je pense quand même *(il réfléchit)*… essentiellement, m'appuyer sur une forme de fidélité, un pacte fort qui n'est pas exclusif, mais qui démontre une cohésion forte, une cohérence de l'équipe. Il y a aussi la notion de travail : je suis légitime, parce que je travaille et non parce que je m'exprime bien. En dehors de ça, il faut être prudent sur les notions de combativité et de valeurs du sport. Je trouve que cela a ses limites !

– Pourquoi ?

Parce que le combat sportif est fort sympathique, mais je le qualifie d'« accessoire ».

– Pour quelle raison ?

Par exemple, ce n'est pas une compétition qui transforme un pays. Le drapeau français peut monter, chacun peut ressentir une grande fierté et cela fait plaisir aux gens, mais peu de temps après, ils ont oublié. En politique, lorsqu'on prend une décision sur une taxe, sur un impôt, ou sur un fait de société, ça engage un pays tout entier et la vie de milliers, voire de millions de personnes. Et puis ça engage aussi des vies en dehors de France, comme au Mali. Je crois qu'il faut être très prudent sur les parallèles que l'on peut faire et qui se limitent à des termes de langage.

« La valeur éducative est dans la notion de progression »

– Pourtant, notre société qui essaie tant de se rapprocher du sport et de ses valeurs n'a-t-elle pas besoin de trouver une motivation, une inspiration à travers le sport ?

Certes, mais je pars du principe suivant : si on décline le sport sur la plus large palette de pratiquants, sa plus grande richesse est la notion de progression et non celle de résultat. C'est-à-dire que l'on démarre l'apprentissage d'un sport, un an plus tard on regarde où on en est et si on a progressé ; alors on a réussi quelque chose, quels que soient les résultats que l'on s'est fixés et surtout ce qu'ont fait les autres. Certains ont progressé plus vite que soi, d'autres moins vite, peu importe... Si on a progressé et si ceux avec qui on pratique ont progressé également, coéquipiers et entraîneurs, alors le sport a atteint son but. La valeur éducative du sport est là, dans la notion de progression !

– Comment l'évaluez-vous ?

Qui dit progression, dit évaluation. Évaluation par son éducateur qui inspire confiance et respect. Évaluation par la compétition, car pour juger il faut des règles, sinon on s'autoévalue et, en général, c'est plus ou moins fiable.

– Vous semble-il possible de trouver un équilibre entre travail et famille ?

Par nature, quand on avance dans la vie, on est en perpétuel déséquilibre. Mais le mouvement que l'on engendre doit être suivi par notre famille. Il ne faut pas que ça aille trop vite ou dans tous les sens car, à la longue, la famille perd ses repères. Dans le mouvement, il y a parfois des pics d'accélération, parfois des tangages forts. La seule chose à laquelle il faut veiller est que tout ce mouvement soit plutôt accepté et accompagné par nos proches.

– De votre point de vue de champion, que faire pour aller de l'avant ?

Il faut se forcer à se remettre en question, s'ouvrir le plus largement possible à d'autres secteurs d'activités ou d'autres passions, quel que soit l'âge ou le niveau d'éducation, d'apprentissage. Mais je perçois un vrai frein à l'action dans ce brouillard d'informations qui nous entoure. Ce n'est pas parce que l'on regarde une émission de télévision ou que l'on se connecte à Internet que, de fait, on devient acteur. On devient peut-être un connaisseur, voire un « amateur » au sens premier du terme, mais en aucun cas un acteur. Et je crains que ce monde qui nous entoure où l'on n'a qu'à appuyer sur un bouton pour que l'information nous arrive déjà prémâchée nous empêche de passer à l'action. Il y a là une rééducation nécessaire. Le problème est que très peu passent l'obstacle, soit parce qu'ils ne s'estiment pas prêts, pas capables de prendre l'initiative, ou, au contraire, parce qu'ils s'estiment faussement déjà dans l'action. C'est notre problème. La société bride également les initiatives par une accumulation de normes, par un corporatisme extrêmement puissant, composé d'une juxtaposition de « familles ». Il est difficile d'entrer dans ce système-là. Nos entreprises sont également beaucoup trop hiérarchisées et pas assez ouvertes.

« Si tu gagnes, c'est que tu es le meilleur »

– Pensez-vous que le sport, comme la culture, la politique, le travail, etc., puisse n'être qu'un outil à travers lequel les hommes et les femmes s'expriment et se réalisent ?

C'est un outil oui, qui doit absolument nous faire progresser. Et à notre rythme, en pleine conscience. Cette progression doit être visible à nos yeux. Prenons, par exemple, un pratiquant à un tout petit niveau et un pratiquant au plus haut niveau : l'un comme l'autre acceptent cette différence. Parce qu'ils sont jugés sur leurs résultats. Et si nous sommes au sommet de notre art, c'est parce que nous sommes légitimes à l'être. À part pour quelques tricheurs ! La compétition apporte un cadre, une légitimité acquise qui est acceptée et comprise par tous. En sport, les règles sont les mêmes, que l'on dispute une compétition de quartier ou que l'on soit en finale des Jeux olympiques. Si l'on gagne, c'est qu'on est le meilleur.

– Vous qui vous êtes battu longtemps et fortement contre le dopage dans le sport, croyez-vous qu'il y ait une solution à ce problème ?

Non, il n'y aura jamais de solution définitive… Comme pour toutes les activités humaines, il y a des tricheurs et il faut l'accepter. Cela fait malheureusement « partie du jeu ». Pour autant, il ne faut surtout pas arrêter le sport de compétition, ni supprimer les contrôles, comme certains le préconisent. Il faut réussir à détecter les nouveaux produits, à poursuivre les recherches. Depuis le début du millénaire, beaucoup de progrès ont été accomplis dans ce domaine. La tricherie est davantage visible et moins acceptable, car après tout ce que l'on vient de dire, les règles sont bien établies et tout le monde les comprend. À partir du moment où elles sont bafouées, elles heurtent davantage.

– Que faire pour éviter qu'un jeune ne tombe dans le dopage ?

Donner une bonne éducation à l'enfant. Qu'il soit bien encadré, que l'entraîneur fasse son travail, tout comme le médecin fédéral, et que les parents restent attentifs. Le problème survient le jour où l'un de ces piliers vient à manquer.

UN MENTAL DE CHAMPION DANS VOTRE QUOTIDIEN ?

Maintenant que nous avons évoqué un certain nombre de leviers qui permettent aux sportifs de se forger, au fil du temps, un mental, qui constitue l'un de leurs meilleurs atouts pour gérer les défis de la vie, je vous propose d'examiner les conditions pour les appliquer, autant que possible, dans votre quotidien.

Comment procéder ?

Avant de démarrer toute nouvelle aventure, je me pose toujours quatre questions (s'être reconverti trois fois génère certains mécanismes !) :

- pourquoi ?
- comment ?
- avec qui ?
- pour combien de temps ?

Pourquoi le champion endure-t-il de longs et douloureux entraînements ?

Parce qu'il aime ce qu'il fait. C'est vraiment la raison majeure ! Il a fait le choix conscient de vivre et d'exprimer ce feu intérieur qui l'habite, qui lui permet de se transcender, de se surpasser. Aussi douloureux puisse être l'effort à fournir, il en éprouve du plaisir, même lorsque ses journées sont loin d'être faciles !

Pourquoi suis-je parvenue à monter *Sirella*, mon premier spectacle aquatique ? Parce que je n'ai jamais douté d'y arriver ! J'étais habitée par les images fomentées par mon esprit. Bien avant qu'il n'ouvre ses portes au public, je me voyais déjà nager au milieu des autres artistes. Les émotions ressenties étaient si intenses que le spectacle était déjà réel.

Je n'avais plus qu'à parcourir le chemin qui le verrait se concrétiser. J'ai toujours considéré chaque changement de cap comme un test visant à me prouver que j'étais capable de progresser dans des domaines aussi différents que le sport, le spectacle, l'humanitaire, ou la formation professionnelle. Je reste en permanence vigilante à ne pas me laisser enfermer dans un système, une communauté ou toute autre prison. Agir, penser et vivre par moi-même plutôt qu'à travers les autres. Se prouver constamment que nos rêves sont à notre portée procure une force colossale !

Mes suggestions

Demandez-vous pourquoi vous vous sentez poussé par le besoin de réaliser votre projet, votre rêve...

Quelle est donc cette quête consciente ou inconsciente qui se dissimule derrière ce désir ?

Vient-elle en résonance à un manque, une souffrance, une peur, une revanche à prendre ou un besoin de fuir ? Laissez monter à votre conscience les raisons profondes qui vous animent. Aucune n'est inavouable ou négative. Chacune a sa raison d'être et sera une force pour vous aider à avancer, lorsque vous l'aurez fait monter jusqu'à votre conscience.

Comment atteindre vos objectifs

« Celui qui attend que tout danger soit écarté pour mettre les voiles ne prendra jamais la mer »
Thomas Fuller, historien anglais

Lorsque j'ai arrêté la compétition, j'ai décidé de me lancer dans la création de spectacles aquatiques. Je n'avais aucune compétence dans ce domaine, aucune crédibilité et peu de moyens financiers. En revanche, j'étais habitée par ce spectacle et convaincue qu'il était réalisable, à ma portée. Je ne disposais que de mon enthousiasme, de ma notoriété de nageuse et de ma grande capacité de travail.

Pour créer mes spectacles aquatiques qui ont réuni plus de deux millions de spectateurs à travers le monde, et dont le concept de *Crescend'O* a été repris ensuite par le Cirque du Soleil, j'ai commencé par coucher les idées sur une feuille de papier. Je me suis tout permis, des images les plus folles aux budgets les plus faramineux. L'envergure de mes rêves artistiques était immense. Ensuite, je suis allée les vendre auprès de producteurs et de sponsors potentiels. Le challenge reposait sur ma capacité à les faire rêver autour d'un spectacle qui n'existait alors que dans ma tête. C'est ma force de persuasion, ma capacité à décrire le contenu des tableaux, à susciter en eux des images grandioses et novatrices qui m'ont permis de les convaincre de me rejoindre dans cette aventure. Guidée par la passion, par une idée claire de ce que je voulais réaliser, et un bon dossier bien préparé (dix-huit mois d'étude et de réflexions), je suis allée vendre mon premier spectacle *Sirella*, pour un budget de création de 2,5 millions d'euros, à Alain de Greef (Canal +), Marie-France Brière (France 2) et Pierre Delaporte (P-DG d'EDF). Dix mois plus tard, *Sirella* ouvrait ses portes : quatre-vingt mille spectateurs au Zénith de Paris, cent vingt mille en tournée française, huit cent mille au Japon.

Mes suggestions

Commencez par envisager votre projet comme s'il n'existait aucune contrainte. Imaginez-le le plus beau, le plus fabuleux pour vous. Ne vous limitez pas, acceptez toutes les idées qui viennent, des plus rationnelles aux plus farfelues. Ne vous censurez pas en vous disant que c'est idiot, irréalisable. Il sera temps plus tard de procéder aux éliminations. Projetez-vous dans toutes les opportunités qui se présentent et regardez les peurs, l'excitation, qu'elles génèrent en vous.

Essayez de comprendre pourquoi vous aimeriez réaliser ce projet, cette idée. Est-ce un rêve d'enfant, la rencontre avec une personne, le besoin d'exprimer une passion ? Quelle qu'elle soit, cette raison est votre levier de motivation, entretenez-la.

→

→

En cas de peur de s'élancer, cherchez à savoir si vous l'avez déjà éprouvée par le passé et dans quel contexte. Étiez-vous au cœur de l'action ? Était-ce plutôt une personne de votre entourage et ses réactions vous ont-elles terriblement marqué ?

Préparez un dossier (si possible très visuel et agréable à lire) le plus précis possible, avec croquis, graphiques, tableaux si nécessaire. N'oubliez pas l'aspect financier, car la question arrivera très vite, parfois même dès le premier entretien. Si vous n'avez pas d'idée, allez glaner des informations là ou vous pensez qu'elles seront sérieuses. Restez souple sur le sujet, l'argent est le nerf de la guerre et à vouloir gagner trop ou trop peu, vous risquez de faire capoter votre projet ou de le dévaloriser. Restez ouvert, écoutez, et surtout ENTENDEZ ce que l'on vous dira !

Au départ, je vous conseille de présenter votre projet à des interlocuteurs dont vous n'attendez qu'un avis consultatif et surtout pas une collaboration. Pourquoi ? Leur point de vue vous permettra d'affiner votre dossier, de « glaner » des informations supplémentaires qui viendront l'enrichir et lui donner plus de corps. N'attendez rien de leur part, vous ne serez pas déçu. Et si l'opportunité d'une collaboration se présente (car la personne aura senti qu'elle peut y trouver un intérêt), ce sera du bonus pour vous.

Grâce à ces échanges, vous pourrez ciseler votre discours, sentir comment mieux le présenter, percevoir où se trouvent les faiblesses à corriger. Vous apprendrez de leurs remarques et glanerez des suggestions. Si certaines remarques sont récurrentes, tenez-en compte, c'est probablement qu'une vérité s'en dégage ! En somme, vous vous préparerez avant d'arriver devant la ou les personnes qui vous intéressent vraiment, dont vous attendez un soutien, une réelle collaboration. Et plus la préparation aura été minutieuse, plus vous serez performant le jour J. Cette démarche implique de revoir et revoir, et revoir encore sa copie avant de se lancer. Certains pensent que c'est du temps perdu, je crois au contraire que c'est du temps gagné. Le projet de votre vie mérite d'être bien préparé et cette préparation fait partie intégrante du projet ! →

→

Ensuite, vous pourrez tenter de décrocher le rendez-vous de votre vie, celui à ne pas rater. Faites en amont de l'entretien un travail de visualisation pour bien vous y préparer.

Sachez aussi écouter votre intuition. L'intuition provient de notre intimité la plus profonde. Une sorte de sixième sens qui s'éveille tout à coup. C'est une façon soudaine et très personnelle de voir les choses. Nous en sommes tous pourvus, mais certains la développent plus que d'autres. Je dois avouer que la mienne m'a souvent aidée à faire de bons choix.

Si le sujet vous intéresse, vous trouverez dans le livre de Bernard Baudouin, *Comment développer son intuition* (De Vecci, 2003), une méthodologie intéressante.

Par expérience, je me suis rendu compte que rechercher 15 000 euros ou un million d'euros demande autant de temps et d'efforts. Je dirais même qu'il est parfois plus facile de trouver un million que 15 000 euros. Pourquoi ? Les personnes concernées ne sont pas les mêmes. D'un côté, vous avez les banques, la famille ou les amis, de l'autre les grands financeurs, ceux que l'on appelle les *business angels*, souvent associés en groupes d'investisseurs. Les premiers ne chercheront pas forcément à obtenir des parts dans votre société, les seconds vous le demanderont probablement. En retour, ils auront leur mot à dire dans la gestion et les orientations de votre projet.

Intime conviction

Attention à la différence entre solliciter un avis et demander un conseil ! Un avis reste consultatif et n'implique pas la personne qui l'exprime. Celle-ci n'attend pas que vous le suiviez systématiquement et n'en prendra pas ombrage. Vous restez maître de le suivre ou non. Un conseil donné commence souvent par : « *Moi, à ta place...* » et lorsqu'il n'est pas suivi, il se termine souvent par : « *Tu vois, tu ne suis jamais mes conseils, cela ne sert à rien de me demander ce que j'en pense !* » Personne n'est à votre place et dès le départ, précisez que le conseil donné ne sera pas forcément suivi, mais qu'il sera entendu. Vous éviterez ainsi les reproches !

Quelle équipe constituer autour de vous pour partir gagnant

« *Les performances individuelles, ce n'est pas le plus important. On gagne et on perd en équipe* »

Zinédine Zidane, footballeur international français

L'athlète sait que les relations de confiance, de soutien, de respect qui s'installent entre lui et son entraîneur sont fondamentales à sa réussite.

Le sentiment d'estime, de respect, d'amitié même parfois, qui naît entre les membres d'une même équipe (un athlète et son entraîneur dans une compétition individuelle ou les membres d'une équipe de sport collectif) se noue en général à l'écart des moments de la compétition. De ces instants de complicité peut parfois rejaillir l'étincelle d'un petit bonus, qui, à l'instant décisif de la confrontation sportive, sera susceptible de constituer un atout pour le dépassement de chacun. Il n'existe évidemment aucune recette miracle. Tout est question de sensibilité, de perception, de *feeling*.

Intime conviction

Arrangez-vous pour qu'il en soit de même pour vous. Vous ne réussirez que si vous êtes soutenu, encouragé, bousculé même, parfois par la ou les personnes en qui vous avez toute confiance, avec qui vous pourrez échanger lors des moments de doute, avec qui vous aurez envie de partager peines et victoires. Elles devront être compétentes, si possible détachées de l'objectif à atteindre. Demandez-leur de vous conseiller, de toujours porter un regard bienveillant sur votre avancée mais aussi critique. Acceptez leurs remarques comme une chance de progresser.

Dans la gestion d'une équipe, c'est au coach, au responsable, de sentir quelle sera la forme de liens la plus performante à créer entre les individus. Elle prend parfois la forme d'une relation père-fils, comme on en rencontre souvent dans la boxe entre l'entraîneur et son boxeur. Cette discipline véhicule tellement de douleur, d'exigence et de souffrance dans la préparation ingrate qu'elle permet, souvent, de sceller une estime profonde entre les êtres. Cela ne donnera sans doute pas plus de punch, le moment venu, au boxeur, mais constituera en revanche un élément de respect et d'équilibre susceptible de l'inviter à rejoindre la salle de boxe, le soir, pour taper dans le sac, en laissant femme et enfants à la maison. Et qui s'entraîne davantage multiplie ses chances de réussir.

Dans les sports collectifs, les liens entre joueurs se tissent souvent lors de la préparation d'avant-saison. Elle intervient en début de saison, à un mois du lancement du championnat. La période se traduit d'abord par une programmation d'entraînements marqués par une intensité qui fait se tordre les corps, mais offre aux individus le partage de ces moments de douleur dans une intimité contrainte par l'éloignement. Les joueurs sont loin de leurs familles, à l'écart des médias, ce qui crée un contexte idéal pour favoriser les échanges. Ce n'est jamais une garantie absolue de réussite. Au fil de la saison, les moments d'échange permettront peut-être de nourrir chez les coéquipiers un surplus d'abnégation. Plus facile – en football par exemple – de faire l'appel dans le vide pour offrir une solution au coéquipier lorsque l'affection a été initiée lors de soirées autour d'un barbecue dans les mois précédents. Au manager, au dirigeant – on choisira le terme – de déterminer la formule idéale en fonction des tempéraments de son groupe. Face à cette addition de tempéraments par nature individualistes – sinon ils n'auraient jamais percé dans le sport de haut niveau – la difficulté consiste, on l'aura compris, à déterminer le mode idéal pour que se greffe l'envie de dépassement collectif à ce tempérament individualiste.

Mes suggestions

Pour constituer votre équipe :

Entourez-vous de personnalités qui ont fait leurs preuves dans leur domaine. Attention aux beaux parleurs, à la fascination que certains peuvent exercer sur vous !

Nous avons souvent tendance à nous associer aux tempéraments qui nous ressemblent, c'est plus rassurant. Pourtant une équipe performante doit être diversifiée et complémentaire. Inutile de placer deux experts sur un même poste.

Fêtez les victoires, mais aussi et surtout partagez les défaites. Face à l'échec, refusez que certains s'enferment dans la culpabilité ou au contraire le désintéressement. Les rancœurs naissent lors de ces périodes sombres et il peut arriver qu'elles rejaillissent aux moments les plus inattendus, venant « pourrir » le climat de l'équipe. Une fois que tout a été dit, le terrain est assaini et prêt pour recevoir de nouvelles graines.

Créez des rituels pour cimenter votre équipe (termes de langage, réunions conviviales, sorties collectives où les activités programmées demanderont de l'entraide, de la convivialité, de l'écoute).

Développez un sentiment d'appartenance, à une tribu (porter le même maillot, créer un cri de ralliement, etc.).

Partagez du temps libre en dehors du travail. Créez des opportunités de rencontre, de partage, qui permettent de se voir en dehors de l'examen des dossiers et des problèmes.

Écoutez vos collaborateurs. Eux passent énormément de temps à vous écouter.

Valorisez-les. Ils passent du temps à vous épier, montrez-leur que vous aussi, vous les voyez.

Soyez juste et exemplaire. Et si vous faites des erreurs, prenez-le avec humour, vous êtes aussi humain et imparfait qu'eux.

Pour combien de temps ?

« Le futur dépend de ce que nous faisons au présent »
Gandhi, homme politique et guide spirituel de l'Inde

Se poser la question n'apporte pas systématiquement la réponse mais permet d'avoir à l'esprit que la motivation et le plaisir, s'ils restent au rendez-vous, sont de bons indicateurs de pérennité. La lassitude, la routine sont en général les signes d'une fin annoncée.

La perception du temps qui file est un sentiment qui s'amplifie avec les années. Cette perception diffère d'un individu à l'autre, selon sa sensibilité, son âge, sa vivacité intellectuelle, sa lucidité… Et pour cause : il est logique d'être sensibilisé à ce qui ne sera plus. À vingt ans, souvent, on se croit jeune, immortel. Chez le sportif, ce sentiment est encore exacerbé en raison de l'exigence et de la compétition impitoyable, qui renvoie aux vestiaires les battus, contraints de raccrocher les équipements sportifs avec les années. L'esprit est là, le corps, lui, ne suit plus le cerveau qui commande les mouvements. D'où les fractures ou les claquages musculaires. La tête commande, les tissus ne répondent plus. À cinquante ans, on a compris que la jeunesse absolue est terminée.

Pourquoi, d'ailleurs, a-t-on toujours le sentiment que les années passent plus vite lorsqu'on est âgé, alors que les semaines et les mois peuvent paraître interminables aux enfants ? Sans doute en raison du ratio renvoyant au vécu : une année représente 33 % du vécu d'un enfant âgé de trois ans, mais 5 % du vécu d'un jeune homme de vingt ans. Et ainsi de suite…

La notion du temps est fondamentale dans l'élaboration d'un projet

Le temps de préparation

En natation synchronisée, il faut compter deux ans de pratique avant d'espérer maîtriser correctement les fondamentaux (verticale la tête en bas, mouvement de coupe-coupe qui permet de maintenir les jambes hors de l'eau), rétropédalage (mouvement de rotation des jambes) qui permet d'avoir les bras tendus au-dessus de la tête.

Il faut ensuite pour les meilleurs pratiquants dix ans d'efforts pour espérer atteindre un podium mondial ou olympique, à raison de sept heures environ d'entraînement par jour, surtout les vingt-quatre derniers mois. Ce temps permet d'atteindre une maîtrise totale de la technique, et de produire un programme libre individuel de deux minutes trente secondes environ, suivi d'un programme d'équipe de quatre minutes trente secondes. Une décennie pour souder une équipe autour d'un objectif commun, pour la voir devenir homogène et lui permettre d'approcher l'excellence.

La création d'un spectacle de l'envergure de *Sirella*, ou de *Crescend'O* (plus d'un million de spectateurs) demande au minimum dix-huit mois de préparation pour une estimation de représentations impossible à garantir avant l'ouverture du spectacle. La longévité d'un spectacle dépend de l'accueil du public, de son succès commercial, de l'impact médiatique et de la recette encaissée chaque soir. Dépenser 4,5 millions d'euros et consacrer vingt-quatre mois de travail pour un résultat et un nombre de séances incertains représente un risque majeur. Mais c'est au prix de ce risque que naissent les grandes créations artistiques. Et que dire du Cirque du Soleil, dont les fabuleux spectacles coûtent plusieurs centaines de millions d'euros !

Tels ont été les risques que j'ai pris pour réaliser mes rêves sportifs et artistiques. Souvent, j'ai gagné ; parfois, j'ai perdu. Mais jamais je n'ai regretté d'avoir osé. Jamais je n'ai imaginé que je vivrais une vie aussi riche, passionnante et diversifiée.

On ne peut connaître le résultat d'un projet avant d'avoir accompli le premier pas qui engagera le second, puis le suivant, et ainsi de suite... Celui qui attend d'être sûr ne s'élance jamais !

Mes suggestions

Soyez attentif aux opportunités qui se présentent, celles qui vont dans le sens de vos objectifs. Sachez les saisir avec courage et conviction.

Mettez du sens et de la qualité dans chacune de vos décisions, chacune de vos actions.

Évaluez le nombre de personnes qu'il vous faudra rencontrer, de voyages qu'il vous faudra effectuer, pour avoir une idée plus précise du temps dont vous aurez besoin.

Réfléchissez aux compétences que vous devez acquérir et voyez comment les obtenir (formations, stages, etc.).

Comptabilisez l'apport d'argent qu'il vous faudra mettre sur la table au démarrage de votre projet. Avez-vous cette somme ? Sinon, cherchez comment l'obtenir : partenariat, emprunt, économies, restriction de train de vie, etc. Évaluez le nombre de mois ou d'années qu'il vous faudra pour réunir cette somme. Si vous travaillez en parallèle, vous saurez combien de temps vous devrez encore rester en poste avant de bifurquer vers votre projet personnel.

Posez vos cogitations sur le papier, gardez-en toujours une trace. Si nécessaire, revenez à vos notes et analysez si vous êtes toujours dans le *timing* que vous vous étiez fixé.

Au cas où vous envisageriez de quitter votre emploi actuel ou votre entreprise, je vous conseille de commencer par mener les deux de front (votre travail et la mise en place de votre but personnel). Si votre situation professionnelle vous insupporte, le fait de focaliser votre esprit sur la construction de votre dessein (donc par ricochet de votre avenir) vous aidera à mieux vivre le présent. Au début, vous n'y consacrerez que votre temps libre mais, petit à petit, vous pourrez mettre en place les facteurs de transition qui faciliteront votre démarrage. N'oubliez pas que toute décision prise dans le présent, ici et maintenant, détermine votre futur.

Le temps de la réalisation

Ce temps ne doit pas être pollué par une projection dans un avenir incertain. Demain dépend de vos choix d'aujourd'hui. C'est aujourd'hui que vous créez votre futur à travers les décisions que vous prenez ! Ne laissez pas vos échecs d'hier assombrir vos perspectives, mais ne laissez pas non plus vos peurs du lendemain détruire votre motivation. Hier, vous étiez différent, dans un autre cas de figure, entouré d'autres personnes, habité d'une autre énergie avec moins de maturité. Aujourd'hui est le seul temps qui compte !

Mes suggestions

Ne vous perdez pas dans les regrets. Ils n'ont jamais fait avancer personne. Simplement, n'oubliez pas les expériences du passé pour, le cas échéant, ne pas faire l'erreur de les reproduire.

Restez ouvert aux imprévus. Adaptez-vous aux circonstances et, si vous êtes amené à chuter, essayez de nouveau.

Tentez dans la mesure du possible de regarder chaque situation non seulement de votre point de vue, mais aussi de celui de votre interlocuteur. Vous aurez une vision plus juste et globale, ce qui vous aidera à faire les bons choix.

Et n'oubliez pas : tous les temps se conjuguent au présent.

Avec quelle énergie ?

Peut-être pensez-vous que le profil de tempérament qui se dessine à travers ces pages n'a que peu de rapport avec le vôtre, qu'au vu de nos parcours si différents, ils ne peuvent être mis en parallèle. Je reste persuadée qu'au départ je n'avais pas davantage d'atouts que vous pour développer cet état d'esprit. Mais si nous sommes d'accord sur le fait que les activités que nous utilisons, quelles qu'elles soient, sont des outils d'apprentissage qui nous permettent de découvrir nos potentiels, d'expérimenter la force créative de nos pensées, de nos convictions, alors ce sont les expériences vécues (échecs et réussites) qui façonnent le mental. C'est le fait d'oser qui fortifie la confiance en soi. Ce sont les résultats obtenus, consécutifs aux efforts fournis, qui conduisent vers le succès.

Il y a certes un point qui pourrait faire la différence : l'énergie ! J'en dispose grandement quand certaines personnes me disent s'en sentir démunies. J'ai essayé de comprendre cette différence alors que l'énergie est partout présente autour de nous et en nous. En égale quantité pour tous. Tel un fleuve invisible et puissant, elle nous traverse et nous porte au gré des remous de la vie.

Je crois que notre mental influe énormément sur le débit et la clarté de ce fleuve. Nos pensées teintent son apparence qui peut aller du plus sombre au plus clair. Elles rendent son eau plus ou moins limpide selon notre degré d'honnêteté, de sincérité. Nos pensées vont jusqu'à déterminer sa trajectoire, puisqu'elles sont à la base des choix de vie et d'orientation que nous faisons. Cette énergie mentale se travaille et dépend de plusieurs facteurs :

- la volonté de se focaliser en priorité sur ce qui va bien, plutôt que sur ce qui ne va pas, en nous et autour de nous ;
- la recherche de belles pensées plutôt que d'idées laides ;
- la volonté de créer du beau plutôt que d'engendrer du disgracieux.

Et cette énergie mentale influe sur l'énergie physique, celle éprouvée dans le corps. Elle dépend en grande partie de notre façon de nous tenir (tête baissée et dos voûté en opposition au corps droit, étiré vers le ciel). Elle dépend aussi de notre façon de bouger, de respirer, de ce que nous ingurgitons. Se nourrir sainement, de façon raisonnable et variée. Ne pas consommer de drogues et si possible peu de médicaments à base de molécules chimiques. Boire modérément et ne pas fumer. Dormir en rapport avec nos besoins et selon notre propre rythme intérieur. Parfois nous supportons de veiller très tard plusieurs soirs consécutifs, principalement lorsqu'il y a des coups de « *rush* » professionnels. Cela se fait sans aucune difficulté si le mental est enthousiasmé par l'activité à produire ou le but à atteindre. Puis vient le besoin de nous plonger dans une ou plusieurs longues nuits réparatrices. Nous avons tous des besoins spécifiques à des moments distincts. Acceptons cette différence et vivons-la en l'intégrant à notre quotidien. Si cela est valable pour nous, nous devons aussi l'accepter et le respecter pour les autres !

Intime conviction

Voyager régulièrement en Afrique m'a fait prendre conscience à quel point nous mangions trop en Occident ! Dans le cadre de mes déplacements humanitaires, je suis régulièrement reçue chez l'habitant et suis amenée à me plier à leurs coutumes, y compris celle des repas. La première fois que je me suis assise par terre, chez mes hôtes, et que j'ai vu arriver le grand plat unique et collectif qui composait le repas de tous les membres adultes de la famille (soit huit personnes plus moi), j'ai été saisie d'un moment de panique. J'ai recompté le nombre que nous étions et me suis dit que jamais nous ne pourrions être tous rassasiés avec ce seul plat. Je me souviendrai toute ma vie du sentiment d'angoisse qui m'a gagnée. La peur de manquer... Je suis restée dix jours chez mes amis sénégalais et mon corps s'est adapté à ces rations réduites qui finalement me suffisaient largement. Je ne ressentais jamais la faim entre les repas. J'ai travaillé sur ces peurs pour comprendre d'où elles venaient. De retour dans ma vie occidentale, j'ai décidé de me limiter à deux plats au maximum par repas pour finir par n'en prendre plus qu'un aujourd'hui. Et je dois reconnaître que cela me suffit amplement pour me sentir en forme !

Nous ne cessons d'entendre et de lire ces informations dans la presse. Elles sont devenues si banales que nous ne leur accordons guère d'intérêt. Et pourtant ces règles de base sont le fondement même d'une bonne énergie physique.

Il importe d'être à l'écoute de ses besoins internes. S'il n'y avait pas d'énergie, il n'y aurait pas de vie. Si petite soit la perception que vous avez de votre capacité à aller de l'avant, il y aura toujours assez d'énergie pour mettre en place les conditions qui permettront à vos rêves de voir le jour. Ensuite, d'autres énergies viendront vous aider à les nourrir et à les faire grandir.

Comment intégrer ces valeurs dans votre quotidien

« Ce n'est pas le vent qui décide de votre destination, c'est l'orientation que vous donnez à votre voile. Le vent est pareil pour tous »

Jim Rohn, écrivain et entrepreneur américain

Rien, hormis la maladie, ne nous empêche d'essayer de construire la vie la plus harmonieuse possible dont nous rêvons. Mais vous l'aurez compris, cette vie a un prix ! Le prix des efforts que vous êtes prêt à consentir et celui des choix que vous ferez.

Mes suggestions

Faites la liste des valeurs qui vous tiennent le plus à cœur. Vous pouvez en avoir qui n'ont pas été citées dans ce livre, ne vous censurez pas.

Choisissez-en une ou deux que vous garderez constamment à l'esprit. Intégrez-les dans chacune de vos paroles, chacun de vos actes. Vos propos et votre posture doivent refléter ces valeurs. Ne soyez jamais en contradiction avec vous-même, et si c'est le cas, reconnaissez-le et revenez à la posture appropriée.

Ayez en toutes circonstances une parole juste, honnête, qui reflète ce que vous êtes profondément. Faites en sorte qu'elle soit empreinte de sincérité. Il existe un livre remarquable sur la parole juste que je vous recommande vivement : *Les Quatre Accords toltèques* de Don Miguel Ruiz (Jouvence, 2005).

Restez ouvert à l'idée que les autres peuvent aussi penser différemment de vous et avoir raison tout autant que vous. Aucun de nous ne détient la vérité, seulement une perception de la vérité bâtie sur notre parcours, notre éducation, nos expériences, etc., paramètres qui influencent considérablement notre point de vue.

C'est par la répétition – l'entraînement pour les athlètes – que se créent les automatismes. Au départ, vous devrez rester vigilant, les garder continuellement à l'esprit. Chaque jour sera votre terrain d'entraînement. La pratique vous demandera dans les premiers temps concentration, rigueur et patience. Mais une fois acquise, vous vous sentirez libéré et heureux. Vous serez alors surpris de constater que cet état d'esprit vous est devenu naturel, vous éloignant de vos vieux conditionnements.

Acceptez d'échouer parfois, relevez-vous et réessayez. Tirez les enseignements de la première expérience pour ne pas les reproduire dans la seconde. Soyez exigeant envers vous-même.

Félicitez-vous à chaque petite victoire et chaque fois que vous êtes en accord avec vous-même. Partagez vos réussites avec votre entourage, vous avez besoin de leur soutien. N'oubliez pas que la motivation se nourrit d'encouragements.

Soyez vous-même et prenez-y du plaisir ! Si le plaisir n'est plus là, changez. S'il l'a été et ne l'est plus, c'est que votre activité vous a apporté ce qu'elle pouvait vous apprendre. Il est temps d'envisager de mettre les voiles vers de nouvelles destinations.

N'oubliez pas que votre bonheur rayonnera en vous et autour de vous. Ne le bâtissez pas sur la souffrance d'autrui.

COMMENT BIEN VOUS CONNAÎTRE

« Ce qu'on ne veut pas savoir de soi-même finit par arriver de l'extérieur, comme un destin »
Carl Gustav Jung, médecin, psychiatre et psychologue suisse

J'espère avoir, à travers les passages précédents, fait ressortir l'évidence que nous vivons tous, quel que soit notre domaine d'activités, le même type d'expériences : grandes joies, périodes d'échec, phases d'incertitude, de remise en question, de ras-le-bol. Seul l'outil que nous utilisons (le travail, le sport, les arts, le jardinage, etc.), et l'environnement dans lequel nous évoluons diffèrent d'une personne à l'autre.

Savoir qu'il est possible de se lever le matin non pour « aller travailler », mais pour « se faire plaisir » change considérablement l'état d'esprit pour aborder chacune de nos journées. Il imprime durablement un sentiment de joie et de réalisation.

Que vous désiriez donner un nouveau dynamisme à votre carrière, vous orienter vers ce que vous avez toujours voulu faire ou vous rapprocher de la vie personnelle dont vous rêvez, il est nécessaire de s'appuyer sur des repères stables. Nous avons toujours tendance à penser qu'ils sont à l'extérieur de nous alors qu'ils se trouvent à l'intérieur.

Ce dernier volet du livre a pour objectif de vous proposer certaines pistes de réflexion afin d'aider à mieux vous connaître. Il s'appuie sur un outil de formation conçu et écrit par deux Américains, Donald Clifton et Marcus Buckingham. Ils l'ont développé dans un livre intitulé *Découvrez vos points forts* (Pearson, 2008). Ces auteurs sont arrivés à la même conclusion que moi : il est préférable de concentrer ses efforts à développer ses talents pour en faire des forces, plutôt que de s'acharner à corriger ses faiblesses. La société, qui attend de nous que nous soyons polyvalents, nous pousse à mettre l'accent sur nos faiblesses. Mais c'est une perte de temps et d'énergie qui n'aboutit jamais à l'excellence. Je l'ai expérimenté aux Jeux olympiques de Séoul, maintenant j'en suis convaincue !

La nature nous a tous pourvus de talents, ou de traits de caractère, qui nous rendent uniques. Ils font tellement partie de notre personnalité que nous ne leur accordons aucune attention. Et pourtant, c'est en nous focalisant sur nos talents que nous pouvons trouver les clés de notre réussite.

Qu'est-ce qu'un talent ?

Du point de vue des neurosciences (elles révèlent l'étude scientifique du cerveau et s'appuient sur l'ensemble des connaissances scientifiques : la biologie, la chimie, le médical, la psychologie, l'informatique et les mathématiques), nous naissons tous avec des talents. Ils sont donc innés et chaque talent (ou trait de caractère) est généré par la connexion, dans le cerveau, de deux neurones entre eux, appelée « connexion synaptique », comme nous l'avons vu plus haut. Dans la mesure où nous disposons de plus de cent milliards de neurones, notre potentiel est donc grand. Néanmoins, il se réduit entre la petite enfance et l'adolescence, période où nous perdons la moitié de nos connexions synaptiques. Les stimulations suscitées par notre entourage et l'attention que nous allons porter à certains domaines plutôt qu'à d'autres vont déterminer quelles connexions seront renforcées quand d'autres laissées de côté se déprécieront. Les recherches actuelles menées en neurosciences mettent en évidence que rien n'est définitif et qu'une connexion rompue peut, par le travail et la persévérance, se reconstituer.

Ces talents innés et stables sont les fondations de notre personnalité. Ils orientent notre façon de penser, d'agir et de nous comporter.

Comment reconnaître nos talents ?

En devenant attentif à nos modes de pensée et de fonctionnement. Cela implique de nous accorder du temps et de l'attention. Nous vivons tous une vie intense, stressante, qui ne laisse que peu de place à la réflexion et à l'introspection personnelle. Pourtant, nous pouvons, si nous le désirons, interrompre cette frénésie d'activités. C'est une question de choix, de priorités. Si nous ne voulons pas faire ce choix, pensant que nous ne pouvons pas nous le permettre, le risque est grand de voir notre corps nous l'imposer. C'est trop souvent la maladie qui inflige l'arrêt forcé, avec son lot de tracas et de souffrances !

Être plus présent revient à être plus efficace !

Qu'est-ce qui est le plus important dans votre vie ? Courir toute la journée par crainte de rater quelque chose, par peur de ne plus avoir le contrôle des événements, de vous sentir dépassé par les autres ? Ou laisser passer le TGV et prendre le temps de regarder ce qui survient autour de vous, de picorer les instants qui rendent chaque journée différente, qui permettent de rencontrer des gens, de saisir des opportunités ? Ne sera-t-il pas toujours temps de prendre le train suivant, sachant que nous allons tous vers la même destination ?

Cette attitude n'empêche en rien d'être efficace et productif, bien au contraire. Elle nous rend plus attentifs à chaque activité que nous effectuons, car celles-ci découlent d'un choix conscient qui nous incite à être plus présent dans nos actes.

ÊTRE PRÉSENT = ÊTRE PLUS PERFORMANT

Le fait de vous offrir du temps chaque jour (dix minutes suffisent au début !) vous aidera à mieux comprendre comment vous fonctionnez. Vous pourrez décrypter les signes apparents, les traces que laissent vos modes de fonctionnement dans votre façon d'être et de faire. Ensuite, vous pourrez déterminer dans quel contexte ils se révèlent.

– Nos talents s'expriment à travers notre ressenti, nos émotions, notre spontanéité.

– Ils nous permettent d'exceller dans certains domaines, sans que nous ayons d'effort à faire.

– Lorsque nos actions reposent sur nos talents, elles nous procurent du plaisir et nous en ressentons un bien-être.

– Nos talents constituent nos forces, nos différences, qui font de nous des êtres uniques.

– Ils représentent notre intelligence émotionnelle. Ils accroissent notre confiance en nous en mettant en lumière nos prédispositions naturelles.

Voici un exemple.

Depuis votre plus tendre enfance, vous êtes attiré par la peinture et auriez rêvé d'en faire votre profession ou tout au moins d'y consacrer davantage de temps. Mais vos parents ont considéré que ce n'était pas un métier. Ils trouvaient plus rassurant – surtout pour eux – de vous pousser à poursuivre vos études. Votre désir est resté à l'état embryonnaire jusqu'au jour où vous avez décidé qu'il était temps de vous faire plaisir même si cela déplaisait à votre entourage. Vous vous êtes inscrit dans un cours de peinture et – surprise – vous avez suscité l'attention des personnes en présence. Vous avez eu beau expliquer que vous n'aviez jamais pris de cours, que vous n'aviez jamais eu le temps de vous consacrer à cette activité, tout le monde est resté dubitatif, pensant que vous bluffiez, que vous feigniez la modestie.

À travers la peinture, vous exprimez un talent que vous détenez. Votre talent n'est pas de peindre, mais la peinture est l'outil par lequel il se révèle. Ce talent peut être une capacité d'observation aiguisée, une fascination pour les concepts, les idées qui vous poussent à chercher l'harmonie dans votre peinture, etc. D'où l'importance d'être à l'écoute de vos talents, de les expérimenter à travers vos actions et de les développer pour atteindre plaisir et efficacité.

Un enfant passionné par une activité ne saura pas forcément identifier d'où lui vient cette attirance. Mais l'adulte qui sait être à son écoute pourra percevoir que l'enfant dévoile là un talent qui ne demande qu'à se révéler et grandir. Lorsque les talents sont refoulés, ils génèrent frustrations et engendrent parfois un mauvais aiguillage de carrière.

Peut-être pensez-vous que les gens ne changent jamais. Certes, ne changent que ceux qui le désirent vraiment et il n'y a pas d'âge pour cela. Si vous pensez qu'il est trop tard pour vous, permettez aux personnes qui vous entourent, à vos enfants ou petits-enfants par exemple, d'avoir accès à cette connaissance pour les aider à effectuer, à l'âge des options, les choix les plus judicieux pour eux. C'est un cadeau que vous leur ferez et qui pourra les aider à devenir des adultes responsables, épanouis et heureux de vivre.

Il existe une grande différence entre talent et compétence, et la frontière reste parfois floue dans l'esprit de certains. Si les talents sont des cadeaux qui nous sont donnés par la vie, les compétences dépendent de nos décisions.

Qu'est-ce qu'une compétence ?

Les compétences sont les connaissances que nous acquérons et qui nous permettent de rendre nos talents plus efficients. Nous ne réussissons pas uniquement parce que nous avons du talent. Pour preuve le nombre d'individualités pourtant talentueuses dans un domaine et qui ne percent jamais.

Comment développer vos compétences ? Voici quelques pistes envisageables.

– Vous pouvez acquérir des savoirs d'ordre théorique (prendre des cours, suivre des stages, lire, échanger, vous documenter).

– Vous pouvez également acquérir un savoir-faire. C'est un processus d'actions qui vous apportera une expérience ancrée dans la réalité du terrain (processus utilisé par les sportifs). Vous pourrez acquérir ce savoir-faire soit en vous lançant seul dans l'aventure et en grappillant de-ci de-là les informations qui bâtiront votre expérience, soit au contact d'une personne qui vous formera. Une fois cette expérience comprise et maîtrisée, rien ne vous empêchera d'affiner la technique (le savoir-faire) et de la faire vôtre, lui donnant encore plus d'expansion.

– Vous pouvez aussi vous focaliser sur un de vos talents et le travailler jusqu'à développer un point fort (ce que l'on peut faire constamment et de façon quasi parfaite), devenant un spécialiste du domaine choisi.

Ces pistes nécessitent de partir de ce que vous aimez faire et de ce que vous avez envie d'accomplir. Ensuite elles réclament d'y associer du temps (probablement des années), et beaucoup de travail (persévérance et courage). En contrepartie, elles offrent la joie de vous épanouir dans un domaine que vous aurez choisi, avec peu d'efforts, ou en tout cas le sentiment d'en faire peu (puisque porté par l'enthousiasme). Cela pour un résultat sûrement plus positif que si vous aviez consacré votre temps à travailler vos points faibles.

La réussite se trouve souvent au carrefour de la rencontre entre un talent, l'outil utilisé pour le révéler, et une personne qui croise notre chemin.

Le test « StrengthsFinder 2.0 »

Dans le prolongement de l'ouvrage de Donald Clifton et Marcus Buckingham, un autre auteur américain, Tom Rath, a approfondi les recherches en écrivant *StrengthsFinder 2.0* (Gallup Press, 2007, non disponible en français pour l'instant). Tout comme l'ouvrage de Donald Clifton et de Marcus Buckingham, *StrengthsFinder 2.0* donne accès à un test psychologique en ligne, composé de cent quatre-vingts affirmations pour lesquelles l'internaute dispose de plusieurs réponses possibles, parfois opposées, souvent complémentaires. En achetant l'un des deux livres, vous achetez par la même occasion un code d'accès au test, **valable une seule fois** !

Voici le mode d'emploi :

– Isolez-vous pendant quarante minutes environ. Coupez vos téléphones et assurez-vous de ne pas être dérangé.

– Allez sur le site www.strengthsfinder.com *(le test est en français)*.

– Vous disposerez de vingt secondes pour répondre à chacune des questions. C'est le laps de temps nécessaire pour lire l'affirmation et les réponses proposées. Votre mental n'aura pas le temps d'entrer en action, alors ne cherchez pas à analyser les questions ou à comprendre le pourquoi du comment.

– Cliquez sur la réponse qui vous semble la plus appropriée.

– Soyez le (la) plus spontané(e) possible.

Vous recevrez dans la minute qui suit la fin du test, sur votre e-mail, la liste de vos cinq thèmes ou talents dominants. Ces thèmes seront en français. Si vous passez par le livre *StrengthsFinder 2.0*, vous recevrez en plus dix propositions d'actions pour chacun d'entre eux (attention, celles-ci sont envoyées en anglais). Ces propositions vous permettront de comprendre comment vos talents interagissent entre eux. Elles vous aideront à en tirer le meilleur parti.

Ce test est pertinent et totalement personnalisé !

Intime conviction

J'utilise cet outil pédagogique depuis plusieurs années dans le cadre de mes formations professionnelles en entreprise (activité qui représente ma troisième reconversion !). Il m'a permis de poser une logique rationnelle, cartésienne entre mes diverses expériences. Je suis aujourd'hui convaincue que ma réussite tient essentiellement au fait qu'intuitivement et dans tous les domaines abordés, je me suis appuyée naturellement sur mes talents. Partant de l'intuitif, cet outil m'a permis de le relier au mental en y appliquant une logique, des mots. La majorité fait l'inverse, partant du cérébral, du théorique, pour aller vers l'expérience, vers le vécu. Peu importe le sens, le trait d'union reste toujours l'action !

« Il ne suffit pas d'engranger les récoltes du savoir, du savoir-faire, ni de vendanger les fruits du savoir être et du savoir devenir, encore faut-il accepter de les offrir pour s'agrandir ensemble »

Jacques Salomé, psychosociologue et écrivain français

L'équilibre mental-physique-émotionnel

Une grande part des souffrances vécues actuellement a pour origine le réflexe de ne fonctionner qu'à partir de notre mental. Pourtant, nous sommes bien plus que cela. Nous sommes des êtres composés d'un mental, d'un physique et d'un émotionnel, trois éléments qui doivent être pris dans leur globalité. Si nous ne développons qu'un seul de ces trois aspects, nous occultons deux tiers de notre personnalité et de nos potentiels. Se révéler et donner le meilleur de soi-même passe par la recherche de l'harmonie entre : **mental-physique-émotionnel**. Nous pouvons alors trouver durablement équilibre et force intérieure pour assumer nos responsabilités.

Faire du sport oui, mais pourquoi ?

Le sportif sait que son corps est une fantastique machine à gagner mais d'une relative fragilité. Il lui permet de réaliser d'extraordinaires prouesses, mais peut aussi se briser sous la pression de la fatigue, d'une mauvaise alimentation, de gestes inappropriés, etc. Il a donc conscience que préserver son capital santé est indispensable à ses performances et à la longévité de sa carrière.

Notre corps est notre moyen de locomotion, notre véhicule. Et comme tout véhicule, il doit être entretenu, révisé, respecté. C'est grâce à lui que nous avançons dans la vie, que nous nous exprimons, que nous sommes en relation avec la matière, avec les éléments qui nous entourent (objets, nature, autres personnes, etc.).

Lorsque vous allez consulter pour un problème de santé et que votre médecin vous dit que vous devriez faire du sport, c'est déjà qu'il est presque trop tard. Effectivement, il est préférable de commencer avant que les signaux se mettent au rouge.

Les problèmes de santé sont des messages que nous transmet notre organisme quand le mental refuse de voir que notre façon d'agir n'est pas ou plus en adéquation avec notre façon de penser, avec nos besoins ou nos désirs profonds.

Voici l'exemple d'un événement qui peut arriver à chacun.

Vous décidez d'aider un ami dans le besoin. Malheureusement, peu de temps après avoir donné votre parole, votre situation change (chômage, problèmes familiaux, etc.) et vous savez ne plus pouvoir le faire. Vous n'osez pas le lui dire, car par principe, vous vous êtes engagé et vous imaginez à quel point il compte sur vous. Vous vous sentez tiraillé entre votre parole donnée et cette nouvelle réalité. À chaque fois que vous y pensez, vous avez une boule au creux de l'estomac et un sentiment d'angoisse ou de peur qui monte. Peur de perdre son amitié, peur d'aggraver votre situation, etc. Comme vous y pensez de plus en plus, vous préférez éviter de croiser son chemin et finissez par ne plus répondre à ses appels. Cette situation vous rend malade !

Que faire ? C'est à vous de trancher, il n'y a pas une bonne solution applicable à tous. Tant que vous resterez dans cette incertitude, votre corps vous enverra des signaux de malaise, voire de souffrance. Une fois votre décision prise, tenez-la et assumez-la, sous peine de développer un sentiment de culpabilité qui vous rendrait encore plus malade. La souffrance n'est jamais anodine, il est préférable de ne pas la banaliser ni de l'occulter. Michel Odoul a écrit un ouvrage très intéressant sur le sujet : *Dis-moi où tu as mal, je te dirai pourquoi* (Albin Michel, 2003). Il y explique que notre corps nous parle à travers ses maux. Encore faut-il l'écouter.

Aucune situation n'est jamais figée et nous devons continuellement nous adapter à la réalité, à nos problèmes petits et grands, et réfléchir à notre responsabilité et aux éventuelles solutions à mettre en place. Vous seul pouvez le faire, car s'il est possible de compter sur une aide extérieure, un soutien, un accompagnement, etc., les solutions résident en vous. Elles n'attendent que vous ! Alors pourquoi ne pas commencer aujourd'hui à faire le premier pas ?

« C'est toujours en tremblant qu'on fait le premier pas »
Sylvain Tesson, écrivain voyageur

Comment débuter un sport ?

Pour bien démarrer une activité sportive et être assidu dans sa pratique (point qui est souvent le plus difficile), je vous recommande de ne pas vous projeter dans le moment où vous allez préparer votre sac et quitter la maison, mais dans celui où vous aurez terminé votre activité et où vous vous sentirez détendu, vidé des tensions et des pensées négatives accumulées. Le moment où votre corps las vous invitera à vous détendre. Ce moment est la récompense de l'effort produit. L'instant où, apaisé et probablement un peu fatigué, vous éprouverez une lassitude bienfaitrice qui vous conduira vers la sieste ou un sommeil réparateur.

Mes suggestions

Ne vous comparez pas aux autres. Faire du sport, ce n'est pas regarder les autres, c'est se regarder soi-même.

Ne vous dites pas que vous n'y arriverez jamais, que vous n'en êtes pas capable. Vous n'en savez rien, vous n'avez même pas commencé. Faites le premier pas, il sera toujours temps d'adapter les suivants !

Trouvez vos propres leviers de motivation : maigrir, envie d'avoir un corps tonique, de rester en bonne santé, etc. N'oubliez jamais les pensées qui ont été à l'origine de votre décision.

→

→

Mettez en face de votre besoin l'outil (l'activité physique) qui vous aidera à atteindre votre objectif. Les solutions ne consistent pas à commencer la pratique sportive en visant l'impossible : une heure de musculation, deux kilomètres de piscine ou encore un semi-marathon. Si vous placez la barre trop haut, vous risquez de vous écœurer et de vous blesser. Vous pouvez commencer en prenant votre vélo pour aller chercher votre pain, en marchant jusqu'à l'école pour récupérer vos enfants, en empruntant l'escalier plutôt que l'ascenseur. Ce sont des choses toutes simples, souvent recommandées dans les magazines, mais qui sont très pertinentes et qui vous procureront un sentiment de bien-être, qui vous donneront un renforcement musculaire en échange de peu d'efforts.

Les démarrages sont toujours un peu douloureux, car les muscles, peu habitués à être sollicités en profondeur, réagissent en se contractant. Prenez une aspirine avant de vous coucher, vous les aiderez à se détendre.

Augmentez doucement la durée et l'intensité de vos efforts. Allez à votre rythme, faites-vous un petit tableau de vos séances, c'est très valorisant de suivre visuellement sa courbe de progression. Sentez les moments où l'activité vous semblera plus facile. Peut-être est-ce l'annonce qu'un palier vient d'être franchi. N'hésitez pas à augmenter un peu l'effort la fois suivante. Et si cela passe, essayez de maintenir la même durée et la même intensité les séances suivantes. Et ainsi de suite...

Dans la mesure du possible, trouvez un ami avec qui partager votre activité. À deux, il est plus facile de se soutenir dans les périodes où la motivation faiblit !

Le sport, pour être efficace et peu douloureux, doit être régulier !

LA PLUS BELLE DE MES RECONVERSIONS : L'HUMANITAIRE

« *Celui qui ne sait pas donner ne sait pas ce qu'il perd* »
Catherine Enjolet, écrivain et professeur de lettre,
fondatrice de l'ONG Parrains par mille

On ne vient pas à l'humanitaire par hasard ! En embrassant cet engagement, c'est une part de moi que je cherchais à identifier, à comprendre… à soulager aussi. J'ai longtemps cherché le domaine dans lequel m'investir. Je ne voulais pas simplement « prêter mon nom » à une association, je voulais être sur le terrain, au plus près des besoins et apporter physiquement ma contribution aux plus démunis. J'ai fini par créer ma propre association, « J'ai un Rêve ».

En 2001, j'ai découvert l'Afrique. Pas celle des cartes postales, mais celle des bidonvilles. Celle des villages désertés par les hommes partis émigrer vers d'autres cieux. Mes divers voyages, les émotions ressenties et la réalité du terrain m'ont conduite aux pieds des immeubles des quartiers défavorisés de Paris et de la région parisienne. Là où vivent les enfants issus de l'émigration. J'y ai découvert des jeunes drôles, émouvants, se cherchant une identité et des repères ! Pourquoi eux ? Je me suis longtemps posé la question. Puis la réponse s'est imposée comme une évidence.

Intime conviction

Enfant, je me sentais rejetée par l'école, je n'entrais pas « dans le moule ». Il n'existait pas de section sports-étude dans ma discipline, et faire du sport de haut niveau n'était pas un avantage, bien au contraire. Un jour, mon lycée m'a convoquée et laissée choisir entre continuer mes études et arrêter la compétition, ou quitter l'établissement. Quand vous êtes au pied du mur et que l'on vous impose de choisir entre votre passion et un environnement que vous n'aimez pas, le choix est vite fait !

À quinze ans, j'ai été déscolarisée ! Les jeunes de Montfermeil, d'Évry, et de tous les quartiers dans lesquels mon association a œuvré, ne savent pas à quel point ils m'ont aidée à grandir et à faire la paix avec cette période de ma vie !

Les premières questions que je me suis posées avant de m'élancer dans l'humanitaire ont été :

- vers quelle cause me diriger ?
- à qui tendre la main ?
- dans quel état d'esprit aborder l'inconnu dans le besoin sans le juger ni me perdre en chemin ?

Plus vous donnez sans rien attendre en retour, plus l'aventure humaine devient intense et riche, permettant de développer l'humilité et l'empathie. Les principaux enseignements que j'en ai tirés sont les suivants :

- repositionnement des valeurs essentielles de la vie ;
- redéfinition des priorités ;
- prise de recul sur mes propres difficultés ;
- découverte du sens et de la profondeur de certains gestes, de certains mots ;
- croissance de mon estime de soi *via* l'effacement de soi pour faire grandir l'Autre ;
- fortification de mes forces et acceptation de mes faiblesses.

L'attente d'un « retour sur investissement » engendre frustrations et déceptions. Notre don n'a de valeur qu'aux yeux de celui ou celle qui le reçoit. Si cette personne ne peut donner en retour que sa souffrance et sa fragilité, elle s'en veut d'être dans cette situation précaire, et vous en veut de la voir ainsi. Dans cette complexité de sentiments, d'émotions, naît une relation où les deux parties ont à apprendre et à donner.

Dix années à diriger « J'ai un Rêve » m'ont permis de découvrir que la transformation d'une seule personne pouvait générer d'importantes et profondes répercussions sur son environnement. Lorsqu'un enfant grandit avec une mauvaise image de lui, il se comporte en conséquence et ses paroles reflètent son état d'esprit. Pour l'aider à sortir de ce mode de fonctionnement, de ses habitudes et ses conditionnements, il faut beaucoup de patience et donc de temps. Il est également nécessaire d'utiliser des outils ludiques qui parlent à l'enfant et vont le faire travailler sans même qu'il s'en rende compte. Par chance, la vie a mis entre mes mains le sport et le spectacle, deux « outils » qui font rêver les jeunes.

Lorsque l'enfant commence à se bâtir une nouvelle image de lui, il prend conscience de son potentiel, de sa capacité à susciter admiration et encouragements. Sa manière de s'exprimer et de se comporter se transforme. Il ose prendre le risque de faire ce qu'il n'aurait jamais fait, de dire ce qu'il n'aurait jamais dit, de montrer une facette de lui-même qu'il ne soupçonnait pas. Sa famille, ses professeurs, ses copains sentent ce changement et leur attitude à son égard se modifie. Les professeurs commencent à l'encourager, espérant de meilleurs résultats. Ses parents le regardent avec davantage de fierté, leurs propos le valorisent… Ces nouveaux comportements renforcent la façon de penser et d'agir de l'enfant. L'enfant se sent reconnu, vivant, aimé !

L'onde émise par l'enfant est similaire à celle générée par une goutte d'eau qui tombe à la surface d'un étang. Elle perturbe l'immobilité de la surface et déstabilise tous ceux qui s'y reflètent, redéfinissant les interactions entre les individus.

La meilleure façon de changer le monde n'est pas de le fuir, mais de travailler sur soi ! Le monde extérieur tel que nous le voyons est le reflet de notre monde intérieur. Si nous sommes emplis de rancœur, de violence contenue et de conflits intérieurs, notre regard lorsqu'il se pose vers l'extérieur retient essentiellement les conflits, la violence, le mal-être qui nous entourent. Cette vision ne fait que renforcer notre réalité intérieure, nous incitant à nous replier sur nous, à nourrir encore plus de peur et de violence. C'est pourquoi certains trouvent le monde laid quand d'autres le trouvent beau. Mais le monde est à l'image de ce que nous sommes, à nous de changer pour le voir se transformer.

Mes suggestions

Le plus important est d'aller là où votre cœur vous pousse ! On ne s'investit pas dans le social et/ou l'humanitaire sans se sentir touché par la cause que l'on défend. La majorité des bénévoles qui se lancent dans cette voie le font car un membre de leur famille est atteint par le mal qu'elles combattent. Il est important de laisser parler son cœur pour savoir vers quel combat se diriger.

Parmi les pistes possibles se trouve celle d'intégrer une association existante, ou de créer la vôtre. Dans le second cas, étudiez soigneusement les besoins et la plus-value que vous pourrez apporter à ceux que vous allez accompagner. Évaluez les coûts que cela va impliquer.

Rencontrez des personnes susceptibles de bénéficier de votre engagement, soyez attentif à leurs propos. Écoutez moins vos envies et davantage leurs besoins, vous obtiendrez de meilleurs résultats.

Montez votre association loi 1901 en réfléchissant bien à son objet social, à ses statuts, et en nommant au minimum un président, un secrétaire et un trésorier. Déposez ensuite vos statuts à la préfecture de votre département.

Lorsque j'ai démarré mon association, j'ai rencontré assez rapidement le conseiller du ministre français des Affaires étrangères en poste. Il a formulé une remarque que j'ai trouvée pertinente. Elle m'a beaucoup aidée à m'adapter puis à faire évoluer mes programmes : *« Restez vigilante au fait que vous serez probablement amenée à modifier vos statuts au bout d'un an et à les redéposer. La réalité du terrain ne correspond pas toujours à la perception première ! »* Cette remarque m'a rassurée : j'avais le droit de me tromper et de rectifier le tir lorsque l'expérience m'aurait permis d'avoir une vision plus juste.

Il existe principalement quatre sources de financement possibles.

– Les pouvoirs publics (mairie, État, région, département, mission locale, etc.). Sachez qu'ils sont continuellement sollicités et que les fonds dont ils disposent s'amenuisent au fil du temps et de la crise. En général, vous devez remplir une demande de subvention appelée « dossier COSA », mis en ligne et téléchargeable sur Internet. Prenez bien le temps de répondre aux questions avant de la renvoyer. N'hésitez pas à demander conseil auprès d'un comptable, d'une autre association, de personnes compétentes. Si votre dossier ne répond pas exactement aux critères, il sera refusé, et, sans argent, il ne pourra y avoir de programme.

– Le secteur privé : entreprises, mécènes. Recherchez les fondations d'entreprise qui investissent sur le thème que vous souhaitez défendre. Elles sont toutes spécialisées dans un domaine : enfance, sciences et recherche, santé, précarité, environnement, arts, etc. Ne perdez pas de temps à envoyer votre dossier à celles qui ne sont pas dans votre champ d'action.

– Les adhérents : ils sont indispensables pour avoir une crédibilité en vue de trouver des financements auprès des instances publiques. Plus vous en aurez, plus vous aurez du poids. Le montant des cotisations doit être inscrit dans vos statuts, puis réactualisé lors des assemblées générales annuelles, s'il doit évoluer.

– Vos deniers personnels. Une association coûte de l'argent à son fondateur. Il faut investir pour la créer, pour impulser les premiers programmes, et parfois pour permettre de passer certaines échéances. Sans compter l'engagement en termes de temps, qui est considérable. Mais quel bonheur en retour !

Les débuts pourront vous réserver quelques surprises, mais votre enthousiasme et les épreuves à surmonter vous aideront à évaluer la force de vos convictions et de votre engagement.

Intime conviction

Un jour, j'ai loué une voiture pour me rendre à Matam, à dix heures de route (défoncée) de Dakar, la capitale du Sénégal. Nous étions trois femmes à voyager : Monique, notre trésorière, Rosemarie, la plus engagée de nos administrateurs, et moi. Nous roulions depuis trois heures environ lorsque notre voiture est tombée en panne. Impossible de la réparer ! Notre chauffeur a hélé un conducteur de camion qui, moyennant rétribution, nous a chargées comme du bétail au fond de sa cabine. Nous étions sans air, sans eau et totalement désorientées. La température extérieure avoisinait les quarante-cinq degrés Celsius et le voyage n'en finissait pas de s'étirer. Nous étions tombées sur un chauffeur qui détestait les Français. De toute évidence, la colonisation avait laissé en lui de profondes traces de rejet et il n'arrivait pas à faire la différence entre hier et aujourd'hui. À la nuit tombée, d'étranges bestioles sont venues s'inviter dans notre habitacle. Elles s'engouffraient par les fenêtres ouvertes et nous giflaient le visage, s'emmêlant dans nos cheveux et finissant dans nos décolletés. Au bout de seize heures de ce calvaire, le chauffeur a enfin stoppé son véhicule, débarqué nos bagages et, sans mot dire, s'en est allé se perdre dans la nuit noire. J'ai regardé ma montre, il était 1 h 45. Nous étions là, au milieu de nulle part, sans lumière ni âme qui vive pour nous guider. Au scintillement de quelques pâles ampoules au loin, nous nous sommes dirigées vers des baraquements perdus au milieu de la savane. Nos valises crissaient sur le goudron. Chacun de nos pas provoquait un bruit similaire à celui d'une petite coque de noix qu'on écrase, dans un son sec et craquant. Enfin, nous sommes arrivées à Boïnadji. J'ai ouvert la porte d'un bungalow, tourné l'interrupteur. Une nuée de criquets géants s'est engouffrée dans mon sillage. Ils avaient envahi la région et décimaient toutes les cultures. En m'endormant, je me suis demandé si j'avais vraiment envie de persévérer dans l'humanitaire et surtout dans cette région. Le lendemain, en rencontrant les populations locales, la réponse m'a paru évidente. L'aventure dure depuis 2003 !

Un risque peut survenir : celui de vous perdre dans la cause, de vous retrouver confronté à vos propres failles. Toute implication auprès de populations en souffrance nous ramène à nos propres blessures. En portant sur votre engagement un regard volontairement détaché, en considérant votre démarche comme un outil d'expérimentation et de découverte de vous et des autres, vous pourrez plus facilement relativiser les problèmes rencontrés et mieux comprendre les enseignements à en tirer.

L'humanitaire est une aventure qui commence en nous et qui se termine à notre porte ! Oubliez de croire que vous n'êtes là que pour aider les autres. Vous êtes là d'abord pour vous aider !

ET MAINTENANT ?

À partir de 2011, j'ai commencé à ressentir une certaine lassitude. À force de me confronter à la difficulté de convaincre des partenaires financiers refroidis par le resserrement des budgets, et déçue de constater trop souvent un manque d'entrain de la part des jeunes de quartiers défavorisés, j'ai eu besoin de me réorienter. Les premiers, soumis à la crise économique, doivent faire des choix. Les seconds abusent parfois des réflexes de consommation, cherchant d'abord dans les initiatives humanitaires l'opportunité de trouver des satisfactions égoïstes.

Pour la première fois, je n'étais plus habitée par un désir fort, une passion. En résumé, je me sentais perdue ! Que faire ? Vers quel domaine me diriger ? Pour y voir clair, j'ai entrepris un bilan de compétences avec l'espoir de clarifier où résidaient mes talents et sur quels critères poser une réflexion rationnelle, logique et… plausible.

Le bilan n'a pas répondu à mes attentes. Cependant il m'a révélé une chose essentielle : je n'avais plus envie, dans certains domaines, de faire des concessions. Celles que vous acceptez en pensant qu'elles sont incontournables pour réussir. Celles que vous regrettez toute votre vie, car elles vous mènent loin de vos valeurs.

En chemin, je me suis rendu compte de la chance que j'avais eue de réaliser mes rêves. Tous mes rêves : en termes de sport, de création et d'organisation de spectacles, enfin d'humanitaire. Tout au long de mon parcours, les gens autour de moi ont œuvré plus ou moins consciemment pour m'aider à me construire, à avancer dans ma quête personnelle et spirituelle. J'en sortais forte et indépendante de tout courant de pensée, de religion, ou encore de doctrine. Si je n'étais plus habitée par une petite flamme, peut-être avais-je avancé sur le chemin de la paix avec moi-même. En revanche, je me sentais prête à allumer la petite flamme dans le cœur et dans l'esprit de ceux qui croiseraient ma route. Leur donner, à travers mon parcours et mes propos, envie de se prendre en main et d'avancer vers une vie en harmonie avec leurs désirs.

Depuis 2011, je concentre mon activité professionnelle autour de conférences sur les valeurs du sport. Je veux rappeler combien elles peuvent apporter du sens, de la motivation et de l'énergie dans le quotidien de chacun. Ce nouveau défi me conduit à réfléchir constamment à mon parcours, à tous ces leviers inconscients, que j'ai reproduits à chacun de mes pas, à chaque étape nouvelle de mon parcours.

Ce statut de conférencière m'amène à intervenir régulièrement auprès de publics aussi divers que les cadres et dirigeants, les salariés, les demandeurs d'emploi, ou encore les jeunes en insertion et les bénévoles d'associations caritatives.

Certains thèmes sont universels et attendus par la majorité des auditoires : trouver confiance en soi, gérer le stress, comprendre pourquoi certains réussissent là où d'autres échouent, glaner des conseils, se nourrir de positif, d'énergie… Tout ce que notre environnement ne nous offre pas.

Dans mon parcours, il m'est facile de glaner ici un exemple, là une démonstration, ailleurs une expérience, tant ma vie a été riche et diversifiée. Et dans notre époque submergée par l'information, nous avons besoin d'exemples concrets, de vécu, de rires et de larmes, d'authenticité, pour nous sentir concernés.

Mon rêve, aujourd'hui ? Transmettre à travers les médias tous ces messages d'optimisme et d'encouragement pour qu'ils deviennent accessibles au plus grand nombre. Ce livre est une première étape, sans doute insuffisante pour contrebalancer le sentiment de tristesse, de peur et de mal-être qui nous étreint parfois.

L'avenir est incertain. Apprenons à savourer le présent.

CONCLUSION

« On ne naît pas vainqueur, on le devient »
Andrew Williams, footballeur international jamaïcain

Si ce que vous recherchez, c'est atteindre vos rêves, trouver une harmonie, un équilibre de vie, vous le (les) trouverez peut-être dans votre travail, mais il se peut aussi qu'ils soient ailleurs. Le travail n'apporte pas le privilège du bonheur. Où que vous conduise votre quête, votre chance de le trouver réside dans votre capacité à vous mettre en action et à comprendre les leçons que vous offre chacun de vos pas.

Ouvrir nos yeux, ouvrir nos sens et regarder à trois cent soixante degrés. Fouiller notre monde intérieur et rester ouvert au monde extérieur. Savoir ralentir parfois, nous adapter souvent, persévérer toujours. Poser un regard de détachement et de bienveillance sur nous-même et sur ceux (ce) qui nous entourent ou nous ont entourés.

Voilà quelques pistes simples de réflexion qui peuvent conduire à la joie de vivre !

Nous sommes nés équilibristes, voués à avancer sur le fil de notre vie. Partis d'un point A, nous cheminons vers un point B. Les aléas rencontrés en chemin sont autant d'occasions de grandir en compréhension et en confiance. Parfois, nous devons accélérer, parfois ralentir, selon que le vent nous est favorable ou pas. Parfois même, il nous pousse à changer de cap. Barreurs solitaires que nous sommes, perdus sur l'océan de nos doutes et nos émotions.

Nous avançons à notre rythme. Un rythme différent pour chacun. Il nous est idéal à partir du moment où il nous convient. Le temps ne change pas, c'est notre perception du temps qui se modifie. Il nous appartient donc de toujours adapter notre voilure et notre vitesse à nos besoins. Notre rythme biologique est notre boussole.

Dans cette expérience d'équilibriste, l'objectif est d'éviter de chuter trop souvent. Le moral s'en trouve affecté. Le physique meurtri. Chaque dégringolade est un risque de blessure pour le cœur, le corps, et l'âme. Je n'ai jamais rencontré quelqu'un qui aimait les coups, les bosses et les égratignures, à moins de vouloir se punir de quelque chose !

Si les événements nous précipitent au sol, nous seuls pouvons trouver la volonté et le courage de nous relever, de reprendre de la hauteur et de repartir sur le fil de notre vie. Comprendre les raisons de nos chutes afin d'éviter de les reproduire. Être toujours dans le cycle suivant : Agir – Apprendre – Comprendre et s'améliorer – Agir, etc.

Chaque pas est une expérience en soi. L'enfant tombe des dizaines de fois avant de maîtriser la marche. Il se relèvera autant de fois qu'il sera tombé, à moins que l'entourage ne l'en empêche, ce qui le réduirait à l'état d'animal. S'il ne persévérait pas, les rues seraient jonchées d'hommes et de femmes à quatre pattes.

Le sportif répète ses gestes des milliers d'heures avant d'obtenir une maîtrise parfaite de son art. Et encore… si atteindre la perfection reste possible ! Se donner le temps n'est pas une idée actuellement très à la mode, mais c'est de lui que dépendent notre vie et notre projet de vie. Si on vous refuse le droit de saisir ce temps, n'hésitez pas… prenez-le !

Intime conviction

Gardez bien à l'esprit qu'un mental de champion se travaille au quotidien et que c'est la répétition de ses fondamentaux (courage, persévérance, etc.) qui le rend naturel, spontané et totalement intégré à votre personnalité. Plus vous y serez attentif au départ, moins vous aurez besoin d'y penser par la suite.

Osez entreprendre.

Osez vous tromper.

Et vivez… tout simplement !

ÉPILOGUE

LES DIX THÈMES PRINCIPAUX À RETENIR

– Globalement **nous avons le choix** en toutes circonstances. Que ce soit un choix conscient ou par acceptation passive, notre attitude et nos décisions déterminent notre quotidien, notre environnement, les expériences que nous vivons aujourd'hui et celles qui jalonneront notre futur.

– **Les grandes victoires se gagnent au quotidien** en donnant du sens à nos pensées, à nos actions, à nos objectifs. Et plus les défis sont élevés, plus il est important de s'ancrer dans le présent et de faire de chacune de nos journées une petite victoire.

– **On ne peut pas trouver plus grand adversaire que soi-même**. C'est toujours contre soi que l'on se bat, contre ses peurs et ses doutes. L'autre (le concurrent, l'adversaire, l'empêcheur de tourner en rond, etc.) n'est que le révélateur de nos limites. Il dessine le chemin à parcourir et propose (à travers son expérience) une façon de l'emprunter. Mais le choix de l'action nous appartient.

– **L'important n'est pas le but à atteindre, mais le chemin parcouru**. C'est en le gravissant que nous expérimentons notre capacité à surmonter les difficultés, à mieux nous connaître et à réaliser de grandes choses. Si le succès traverse notre route, tant mieux, nous connaîtrons cette expérience. S'il s'éloigne, nous n'en serons pas moins grands.

– **Nous ne sommes pas notre fonction**. Mais notre fonction (le travail, le sport, etc.) est l'outil par lequel nous expérimentons nos potentiels. Si un jour notre fonction nous est retirée, ou si nous sentons que nous en avons fait le tour, qu'elle ne nous apporte plus rien sinon un sentiment de lassitude, d'ennui, c'est qu'il est temps de la lâcher et d'en trouver une autre.

– **Notre vie n'appartient qu'à nous**. Ne laissez pas les autres la vivre et l'assumer à votre place. N'attachez pas d'importance à ceux qui ne cessent de porter un jugement sur votre vie. De même, cessez de juger les autres.

– La frustration et la souffrance peuvent être de formidables leviers de motivation si l'on est capable de les comprendre et de les dépasser. **Acceptez de ne pas tout maîtriser, de ne pas tout diriger**.

– **Acceptez que tout ait un prix**. Qu'il ne soit pas possible de tout avoir, tout posséder et qu'il faille faire des choix, parfois même des concessions.

– **Demandez-vous après quoi vous courez**. Revenez à l'essentiel, aux raisons pour lesquelles vous agissez ainsi. Cette question redonne du sens aux actions. Le « pourquoi » ramène à la motivation profonde, à l'énergie créatrice.

– Peu importe que vous fassiez des erreurs, c'est le prix de l'apprentissage. L'important est que vous **soyez honnête envers vous-même et en conformité avec vos valeurs**.

INDEX

Crédits photographiques

Page I : Christophe Raynaud de Lage

Pages II-III, VIII, XIX, X, XI bas : Frédéric Osmont

Page IV : Droits réservés

Page V haut : Richard Martin / Vandystadt.com

Page V bas : Droits réservés

Pages VI-VII : Jean Roig

Pages XII-XIII : Fabian

Pages XIV et XVI : Sylvain Colombet

Page XV : Muriel Hermine

Mise en page : Florian Hue

Certifié PEFC
Ce produit est issu de forêts gérées durablement et de sources contrôlées.
PEFC 10-31-2568
pefc-france.org

Achevé d'imprimer : EMD S.A.S.
N° d'éditeur : 4748
N° d'imprimeur : 28357
Dépôt légal : septembre 2013

Imprimé en France

Cet ouvrage est imprimé - pour l'intérieur - sur papier Munken premium white 90 g des papeteries Arctic Paper, dont les usines ont obtenu la certification environnementale ISO 14001 et opèrent conformément aux normes ECF et EMAS